ドラッカーに学ぶ仕事学

個人も組織も飛躍する大原則

ドラッカー学会共同代表理事
佐藤等

致知出版社

まえがき

ドラッカーの仕事学――自己を磨き、人として成熟する法

ピーター・ドラッカーの教えは、「万人のための帝王学」と言われています。

その言葉のとおり、ドラッカーの教えは、実践的で示唆に富み、組織で働くすべての人に対して、基本的な働き方と成功のために必要な所作を教示してくれるのです。とくに、その教えに初めて触れる人にとって、非常に有用であると言えるでしょう。

本書は、ドラッカーの膨大な著作群から、仕事をする上でとくに重要だと思われる言葉を取り上げました。「仕事学」という観点から、「自己実現」「組織論」「ビジネスマインド」「マネジメント」「変革とイノベーション」の五つのテーマで整理して、それぞれの言葉に込められた、その要諦《ようてい》を掘り下げて解説しています。

本書は、仕事を通じて、私たちが、いかに心を高め、自己を磨き、人として成熟していくか――を主要テーマとしています。「働くということを、自分でマネジメントする」と言い換えてもいいでしょう。ドラッカーの叡智《えいち》は、極北の一星のように、組織社会に生き

る私たちを、今も導く強い力をもっています。

組織の中で働く人、組織を相手に働く人の場合、人生の多くが仕事に費やされます。現代社会は、誰かのために働き、自分も誰かの働きの恩恵を受けて生きている組織社会です。人生一〇〇年時代においては、働く期間は五〇年にもおよび、仕事が私たちの歩む道に彩りを与えます。仕事をとおして味わう艱難辛苦《かんなんしんく》、喜怒哀楽、利害得失、栄枯盛衰、そのすべてが人生の糧《かて》になるからです。

時代がどんなに変化しても、変わることのない普遍的な原理原則があります。

ドラッカーが没して二〇年の歳月が流れました。この「マネジメントの父」が遺した数々の言葉は、今なお色褪《いろあ》せることなく、私たちに語りかけてきます。なぜならば、ドラッカーは、その仕事を通じて、組織と、そこで働くことの本質を見出し、それらをわかりやすく体系化してくれたからです。

「仕事で、より多くの成果を手にできる」本書の特長

本書には、いくつかの特長があります。

第一に、マネジメントと人間学の関係を明らかにしようと試みたことです。

ドラッカーは、大著『マネジメント』で、「マネジメントとは、科学であると同時に人間学である」と述べています。しかし、科学や人間学そのものに直接言及している箇所は、非常に限定的です。他方、「マネジメントは文化である」とも言います。東洋思想を基礎として開花した日本の人間学は、伝統ある一つの文化です。そこには、日本の文化にマネジメントという道具を、どのように融合、一体化させていくのかという課題が横たわっています。

第二に、人生一〇〇年時代のお手本とも言うべきドラッカーの生涯から、知識社会における仕事と人生の法則を描写しようと試みたことです。

二〇〇五年に九五歳で世を去るまで、ドラッカーは生涯にわたって執筆を続け、四十冊近くの著作を世に出しました。しかも、その大半の著作が、六〇歳以降に刊行されたという事実は特筆に値します。筆者がドラッカーの著作に出会って二五年。まさにドラッカーとともに生きてきた四半世紀と言っても過言ではありません。

一人の人生に焦点を当て、その言葉から学び、実践に移す姿勢のことを「私淑《ししゅく》」と言います。本書でも安岡正篤《まさひろ》先生を人物学の要諦として何度も取り上げています。その意味で、本書は、筆者がドラッカーに私淑し、生きてきた一端を公開するものとなっています。「私淑」という学びの方法を知る一助となれば幸いです。

第三に、歴史から学ぶとは何かを表現しようと試みたことです。「私は社会を理解するために歴史を学んできた」というドラッカーの言葉があります。歴史とは、過去から現在につながる、人が生きる環境の一部です。ドラッカーは、人間が作りだした環境を社会と呼び、自身をその観察者と位置づけ、社会生態学者を名乗りました。組織を社会の道具として観たドラッカーから生まれたマネジメント。この視点をものにすれば、仕事において、より多くの成果を手にすることができるでしょう。

特にドラッカーは、技術や道具という視点から社会を見ていました。たとえば、「灌《かん》漑《がい》」という最古の技術から、現代のインターネットという最新の技術に及ぶ長大な時間的射程を視野に入れ、人間にとって基本的な情報や言葉さえ道具としてとらえる広範な視点を有しています。

このような広範な視点を習得すれば、たとえばＡＩ（人工知能）の可能性と限界を自分で思考することができるでしょう。また、日本が蓄積してきた言葉、たとえば「おもてなし」をマネジメントでどのように使うかという広がりも見えてくるかもしれません。

変化を、脅威と考える人から、機会に変える人へ――

前作『ドラッカーに学ぶ人間学』には、コロナ下という特殊な社会環境の中で書かれた記事をベースにしたものが多数含まれています。コロナ下では、全世界の経済が一時的に停止するなど、人類が経験したことのないことが起こりました。その結果、非接触技術が普及し、オンラインでミーティングやセミナーを行うなど、後戻りはできない仕事の質的変化、シフトが起こりました。

現在、日本は、三〇数年ぶりに三年連続で物価指数が二%を超え、デフレスパイラルから抜け出せるかもしれないという状況の中にいます。今回の物価上昇期は、高度経済成長期やバブル期とは質的に異なる社会の変化を前提としています。

たとえば日本は、今回のデフレ期に人口減少社会に突入しました。グローバル化のリスクも顕在化しています。

本書のテーマである「仕事」と「働くこと」は、これら社会の変化と無縁ではありません。

変化を、機会に変えるか、脅威として受け入れるか――。

そのとき、どのように仕事と向き合うか——。

それは人間学の要諦であるとも言えます。仕事に臨む姿勢の違いが人生の質に大きな影響を与えるからです。本書が、仕事道とでもいうべき長い一道を歩む貴方《あなた》の携えるべき一書となることを願って世に送り出します。

本書は、「いつの時代でも仕事にも人生にも真剣に取り組んでいる人はいる。そういう人たちの心の糧になる雑誌を創ろう」という雑誌『致知』の創刊理念に共感した筆者が、仕事をとおして、人格、人間力を高めることを念頭において、同誌に毎月掲載している記事「人生と仕事に生かすドラッカーの教え」をベースにしています。連載記事を用いて書籍化しているという性格上、本書において『致知』の記事や、同誌を用いた勉強会「社内木鶏」等に触れる箇所があることをあらかじめお断りしておきます。

ドラッカーに学ぶ仕事学＊目次

第一章 人間として成長し、自己実現する仕事学

第二章 自分の強みを生かして、組織に貢献する仕事学

第三章 日々、心が磨かれ、人格が高まる仕事学

第五章

変革の時代に成果を確実に出す、新しい仕事学

装幀──秦　浩司
本文デザイン──スタジオ・ファム
編集協力──柏木孝之

第一章

人間として成長し、自己実現する仕事学

今日の組織社会は、われわれに対し、まったく新しいことを学ぶことを求める。すなわち組織を目的意識と責任をもって利用することである。

――『断絶の時代』（1969）

◉仕事学の基本――「組織という道具」をいかに使うか

「この責任とそこに伴う意思決定から逃げるならば、組織が主人となる。逆にこの責任を引き受けるならば、われわれが自由となり主人となる」

冒頭で引用した文章に続く言葉です。

ドラッカーは、組織は道具であるといいます。道具を主人として日々過ごすのか、組織という道具を使いこなし、自らが主人となるのかが問われているのです。経営者や管理職はもちろん、新入社員を含め組織に属するすべての人にこのことは問われています。たとえば、車という道具を使うとき、つまり運転する際には、誰もが相当の責任をもって使おうとするはずです。さもなければ、車は人や物を傷つける凶器と化してしまいます。日本では責任（responsibility）という言葉は、「義務を果たす」や「責任を負う」ことに意識が向きがちです。しかし責任という言葉の本質は、応答（response）と能力（ability）にあります。

車のアクセルを踏む強さにしたがって車という道具が反応するように、組織という道具のアクセルを踏む強さは、組織に属している一人ひとりに任されているのです。そのことを責任といいます。

もし誰かにアクセルやハンドルの操作の仕方を逐一指示されたらどうでしょうか。道具の一部になったような気分ではないでしょうか。自由はどこにもありません。自分の意志でアクセルを踏み、ハンドルを動かす自由を手にすることは、道具から得られる反応を自分の意志の発現として結果を含めて任されることと同義です。

組織の中では上司が責任をもって仕事を任せることになります。部下に仕事を任せるとは、一定水準以上の出来栄えで応えてくれるだろうとの期待の下、部下がそれを了解し、それに応えるという関係が成立している状態をいいます。

当然、部下に任せた責任は上司にあります。はたして部下は正しく自分の期待を理解しているだろうか、何か不安に思っていることはないだろうか――など期待とその水準のマネジメントは欠かせません。

もし最初から期待とそれに応ずるレベルが合っていなければ、当然ですが、結果は期待外れのものとなってしまいます。期待水準は、上司が部下に仕事を任せる際のコミュニケーションの重要なポイントです。

◉仕事で成長する人に「共通する思考習慣」

「人の成長ないし発展とは、何に対して貢献するかを人が自ら決められるようになることである」（『現代の経営』）

組織という道具を使って人が成長するためには、先《ま》ず、「組織が成果をあげるために、自分はどのような貢献をすることができるだろうか」と考える思考習慣を身につけることです。それが自由への扉を開き、組織という道具を使いこなすための第一歩です。

「自らの果たすべき貢献は何かという問いからスタートするとき、人は自由となる。責任をもつがゆえに、自由となる」（『明日を支配するもの』）

このような利他的な思考習慣を身につけることは、自分を成長させる王道です。そうすれば、「何に対して将来貢献できるようになりたいか」と、未来の自分に期待を膨らますことができるようになります。その期待に応えようとする日々の積み重ねが人を成長に導くのです。

最近、気になる記事を目にしました。管理職になりたくない人にその理由を聞いたアンケート結果の記事です。それによれば、男女ともに「責任が重い」が最も多く、「仕事・残業が増える」「管理職に向いていない」「割に合わないと感じる」「人間関係で悩みそう」の四項目が上位に挙がっています。

この結果は、人間はときに自由を手放し、責任を回避する選択をすることを示しています。しかし、自由の喪失という代償を払っていることを忘れてはなりません。

「組織社会が選択の機会を与えることによって一人ひとりの人間に意思決定を迫る。自由の代価として責任を求める」（『断絶の時代』）

ドラッカーと同時代に生きたエーリッヒ・フロムの名著『自由からの逃走』の中にドストエフスキーの『カラマーゾフの兄弟』の一節が紹介されています。

「人間という哀《あわ》れな動物は、もって生まれた自由の賜物《たまもの》を、できるだけ早く、ゆずり渡せる相手をみつけたいという、強い願いだけしかもっていない」

人間が自由を手放す理由は安定です。安定はときに現状維持を意味し、成長の足かせになることもあります。私たちは、このような誘惑に抗《こう》しながら生きているのです。

◉職業人として「誇りと自信」を手に入れる法

「人生にはご燈明《とうみょう》の如き情熱がなければならぬ」――京都大学元総長の平澤興《こう》先生の言葉です。

責任を回避することで自由を手放せば、人生の情熱の火は消えてしまいます。指示命令されたことを行うだけの日常から脱し、小さくとも自分で考え、意思決定し、行動する自由を手にすることです。

「今日の若者が恐れているものは組織社会がもたらした意思決定の重荷である。つい昨日までは、人生は生まれたときに決まっていたにもかかわらず、今日突然、人生に選択の問題が生じた。

若者は、操られることに抵抗する。しかし実は彼らが最も恐れるものが、意思決定の重荷である。そこで彼らは意思決定、選択、責任を避けるためにあえて落伍《らくご》する」（『断絶の時代』）

ドラッカーが、五〇年以上前に指摘した現実は、先のアンケート結果に投影されています。自由は欲しいが、意思決定の重荷は回避したい。その結果としての責任からの逃避です。

しかし、自由があってはじめて、天から人間に与えられた可能性を伸ばすことができるのです。それは、より重い責任を負える自分になることを意味します。責任は、自分との約束でもあります。自分との約束を今までどれくらい果たしてきたかを知るのは自分だけです。

「自己開発とは、スキルを修得するだけでなく、人間として大きくなることである。おまけに、責任に焦点を合わせるとき、人は自らについてより大きな見方をするようになる。うぬぼれやプライドではない。誇りと自信である。一度身につけてしまえば失うことのない何かである。目指すべきは、外なる成長であり、内なる成長である」（『非営利組織の経営』）

平澤先生の次の言葉は、自由とは、利己的でなく、利他的な姿勢の下に開花する一つの徳目であることを教えてくれます。

「真の自由とは、けっして人間が自らの欲望のままに、わがまま勝手に動くことではなく、むしろできるだけ人々に自由を与え、世の中に安らぎをもたらすために、自らのわがままを抑え、小我を殺して大我を伸ばすことである」

優れた社会、徳ある社会、永続する社会は、私人の徳を社会の福利の基盤としたとき実現される。

――『現代の経営』（1954）

◉仕事の人間関係学――力をもち込まず、平等を重んじる

人の徳性が社会の基盤になったとき、優れた社会が永続する――。

ドラッカーによる豊かで徳のある国づくりの宣言です。人の徳性の大切さを説いたドラッカーは、企業倫理の考察を深める過程で儒家の倫理を大いに評価しました。

「あらゆる倫理のなかで最も成功し、最も長続きしている倫理、すなわち儒教における相互依存の倫理である」（『すでに起こった未来』）

現代は組織社会であり、相互依存の社会です。しかし、かつて儒家たちが考えていた基本的な人間関係だけでは、現代社会を語ることができません。組織の内部や顧客、その他

の利害関係者にかかわる倫理の問題という新しい現実に直面しているからです。

ドラッカーは、それでも儒教の基本的な考え方はいまでも通用するとし、『すでに起こった未来』で四つ（①〜④）のポイントを指摘しました。

①「基本的な人間関係を明確に定義している」

古代中国社会における人間関係は、上司と部下、あるいは主人と従者、父と子、夫と妻、長男と他の兄弟、友人と友人の五つを基本としています。

「子曰《のたま》わく、弟子《ていし》、入《い》りては則《すなわ》ち孝《こう》、出《い》でては則ち弟《てい》、謹《つつし》みて信、汎《ひろ》く衆を愛して仁に親しみ、行いて余力あれば、則ち以《もっ》て文を学べ（学而《がくじ》第一）」（致知出版社『「論語」一日一言』から引用、以下同じ）

たとえば、このように「家にあっては孝を尽し、世に出ては長上に従順であることが第一である」と述べたように、儒家は人と人の関係性ごとにあるべき姿勢と行動を示しました。現代の組織にも人間関係は存在します。しかし、それはあくまでも仕事をとおした人間関係です。組織には、必ず目的やミッションがあります。その実現のために組織が形成され、上や下、横などとの人間関係が生まれるのです。

「対人関係の能力をもつことによってよい人間関係がもてるわけではない。自らの仕事や他との関係において、貢献に焦点を合わせることによってよい人間関係がもてる。そうし

て人間関係が生産的となる」(『経営者の条件』)

②「一般的かつ普遍的な行動規範となっている。すなわち、その原則や役割や関係において、あらゆる個人と組織を等しく拘束している」

人間関係に力をもち込むことは、儒教の倫理において正当性を欠くとして、平等性を重んじています。たとえば、親がいなければ人は存在しません。その意味で孝悌《こうてい》の教えは、普遍性のある原則としてすべての人を等しく拘束しています。

「君子《くんし》は本《もと》を務む、本立ちて道生ず。孝弟なる者は、其《そ》れ仁を為すの本か(学而第一)」

(何事でも先ず本を務めることが大事である。本が立てば、進むべき道は自ずから拓けるものだ。従って孝悌は仁徳を成し遂げる本であろうか)

ドラッカーの次の言葉は、組織がもたらす成果、つまり顧客に起こる変化の下では、組織に属する人は皆平等であることを示し、人々を拘束しています。組織は成果をもたらすために存在しているからです。

「仕事上の関係において成果がなければ、温かな会話や感情も無意味である。貧しい関係のとりつくろいに過ぎない。逆に関係者全員に成果をもたらす関係であれば、失礼な言葉があっても人間関係を壊すことはない」(『経営者の条件』)

③「間違った行為の排除ではなく、正しい行為に焦点を合わせている。動機や意図ではな

く、行為に焦点を合わせている」

儒家は理想を示し、行動を促し、二〇〇〇年以上人々を導いてきました。たとえば、孔子は、教育という行為を行うに当たってその正しい姿を明らかにし、実践を重視しました。

「子、四《よつ》を以て教う。文、行、忠、信（述而《じゅつじ》第七）」

（先師は常に四つの教育目標を立てて弟子を指導された。典籍の研究、実践、誠実、信義がそれであった）

これについては、多言を要しないでしょう。代表的なドラッカーの言葉を紹介しておきます。

「ミッションとリーダーシップは、読んだり聞いたりするだけのものではない。実践するものである」（『非営利組織の経営』）

◉「義務には義務で応じる」という姿勢を貫く

最後は組織についてです。

④**「倫理として真剣に検討する価値のある組織の倫理とは、関係者全員のベネフィットを最大にし、相互依存関係を調和のとれた建設的で互恵的なものとするような行為を正し**

い行為と規定するものでなければならない」

ポイントは「調和」と「互恵」です。

「調和」についての次の章句は、異なる利害関係者から発せられる異同をふまえ、調和的な解決を図ることを教えています。

「子曰わく、君子は和して同ぜず、小人《しょうじん》は同じて和せず（子路《しろ》第十三）」

（君子は、誰とも仲良くするが、強いて調子を合わせたりしない。小人は誰とも調子を合わせるが、心から仲良くしない）

「互恵」の意味をドラッカーは、「相互依存の倫理では、義務だけが存在する。そしてそれらすべての義務は双務的である」といいます。双務的とは、お互いにその義務を果たすことを求め、西洋のように義務があれば権利もあるとは考えず、義務に義務で応じます。

「曾子《そうし》曰わく、士は以て弘毅《こうき》ならざるべからず。任重くして道遠し。仁以て己《おの》が任と為す、亦《また》重からずや。死して後已《や》む、亦遠からずや（泰伯《たいはく》第八）」

（士は度量が広く意志が強固でなければならない。それは任務が重く、道は遠いからである。仁を実践していくのを自分の任務とする、なんと重いではないか。全力を尽して死ぬまで事にあたる、何と遠いではないか）

次のドラッカーの言葉は、あるべき組織の姿を表しています。

「調和と信頼、すなわち相互依存においては、双方が、相手が目的を達し、自己実現を図るために必要なものを与える義務をもつ」（『すでに起こった未来』）

このような儒家の知恵を現代のマネジメントにあてはめて考えてみます。

双方とは、組織と個人のことです。組織は、社会の質を向上させるために機会を利益の上がる事業に転換する一方、個人は、その価値と願望を組織のエネルギーと成果に換えることを目的としています。

これらの目的を実現するために組織と個人は、双方が義務を果たします。義務と権利ではなく、義務を義務で返報するということです。このように考えるのが儒家の知恵です。

◉自分が成長し自己実現することで、組織に貢献する

「いまから一〇年後には、一人ひとりの人間を組織のニーズに応えさせるためのものとしてのマネジメント教育よりも、組織を一人ひとりのニーズ、願望、可能性に応えさせるためのものとしてのマネジメント開発への関心のほうが大きくなっているかもしれない」

ドラッカーは、『マネジメント』（一九七三）でこのように予見し、組織が個人の目的を実現するために必要なものを与える義務の後進性を指摘しました。

この指摘から五〇年以上が経っていますが、はたして組織のマネジメントを担う者は、そこで働く者の自己実現を義務と考えて組織運営を行っているでしょうか。同時に、働く者も組織で自己実現を成し遂げ、そのことをもって組織に報いることを義務と考えるようになっているでしょうか。

容易ではありませんが、儒家の知恵を用いれば善き組織文化の醸成が始まり、人財難の解決に光明が差すのではないでしょうか。

「経営管理者であるということは、親であり教師であるということに近い。そのような場合、仕事上の真摯《しんし》さだけでは十分ではない。人間としての真摯さこそ、決定的に重要である」（『現代の経営』）

経営管理者は、弘毅を目指すかつての「士」です。彼らは、見返りを求めない親や教師のような度量と意志を養いつつ、任重く、遠い道を歩むことを求められます。現代の「士」である貴方《あなた》の一歩が豊かで徳のある国づくりへと続いていることを願ってやみません。

Peter F.Drucker 3

リーダーをリーダーたらしめるものは
肩書ではない。範となることによってである。
そして最高の範となることが、
ミッションへの貢献を通じて
自らを大きな存在にし、
自らを尊敬できる存在にすることである。

――『非営利組織の経営』（1990）

◉ヒトが「モノ・カネに価値を付加する」仕組み

「機械的観方とは（中略）物をその構成要素に分解して、再びそれを自分で組み立ててみる方法である」

今から一〇〇年前の一九二四年、二七歳の安岡正篤《まさひろ》師が、海軍大学校で海軍将校を前に指導者の心得を講じました。その講義録が『いかに人物を練るか――士学論講』として復刻され、当時の頽廃《たいはい》を産業革命以来の物資文明にあると断じ、現代人（当時）の最も大いなる禍《わざわい》は、人間の機械化による人格の破綻《はたん》にあると述べています。

「本来、人格は知・情・意の渾然《こんぜん》たる統一である」

しかるに人格を一方的に偏向させ、人を論理的、機械的にあつかう風潮があることを指摘しました。

その六〇数年後、ドラッカーは次のように記しました。

「**機械的な世界観から生物的な世界観への移行が新たな総合哲学の登場を求めるにいたっている**」（『新しい現実』）

世界観の変化は、現代にまで連なり、このような観方は、指導者、リーダーには欠かせないものとなっています。二人の先哲が、伝えたかったこととは何か。

「**生物的なシステムは分析的ではない。機械的なシステムでは、全体は部分の和に等しく、したがって分析によって理解することが可能である。これに対し生物的なシステムには、部分はなく全体が全体である。それは部分の和ではない**」（『新しい現実』）

ドラッカーは、個々の音を聞いただけではメロディーがわからないように、人格は部分だけを見ただけでは把握できず、全体、つまり人格としてのみ把握することが可能だとしました。そして企業などの組織もまた全体として機能してはじめて意味をもちます。

「**企業とは、その構成要素たる資源の総計に勝る存在、少なくとも総計とは異なる存在であって、かつ投入（インプット）されたものよりも多くのものを算出（アウトプット）することのできる生きた存在である**」（『現代の経営』）

組織こそは、生物的なシステムであり、ヒトの力がモノやカネに価値を付加し、総計に勝るものを生み出す存在です。

◉「マネジャーの振る舞い」が組織で決定的に重要な理由

産業革命に端を発した組織社会――。

産業化が進めば進むほど、社会は分業化され、組織内での仕事の分担も細かくなっていきます。果たして自分の仕事は、何の役に立っているのだろうかと疑問に思うことも多いはずです。

安岡先生が、人間の機械化による人格の破綻と述べたのは、そのような環境で働くことになった人類を憂えてのことです。

このような現実をドラッカーは『現代の経営』で次のように描写しました。

「人の成長ないし発展とは、何に対して貢献するかを人が自ら決められるようになることである（中略）。通常、一般従業員を経営管理者と区別し、彼らを自分や他の人の仕事についての決定に責任もなければ関与もせず、指示されたとおりに働く者として定義する」

このような観方こそは、人間を機械扱いし、人格の破綻を招く元凶であることを鋭く指摘しました。一般従業員を物質的資源、つまり歯車のように見ることは重大な誤りであると断じたのです。もしそうであれば、指示待ち族が組織に溢《あふ》れることでしょう。

生物的なシステムとは、個の自発性が全体の秩序を生み出す組織です。個の振る舞いが全体の性質を生み出すとともに、そこで生まれた全体の性質が個の振る舞いに影響を与えるのです。個が組織そのものです。

だとすれば、組織のミッションへの貢献を通じて、範となる個がその組織にどれだけいるかが重要です。企業のトップは少人数です。組織の全体に影響を与えるには、マネジャーやリーダーと呼ばれる、より多くの人たちの振る舞いが決定的に重要です。

このような生物的なシステムが機能するためには、一人ひとりの成長と発展が欠かせません。

安岡先生が将校という将官と下士官の中間に位置する人々に講じたのもゆえあることで

す。単に上官の命令に従うだけの機械的な存在ではなく、範となる一人格を練るために禅の教えや武士道精神などの日本精神を講じ、大きな人格を得て、その宇宙人生を一大交響楽として響かせることを教えました。

◉自分自身をマネジメントする革命的仕事術

「組織は人を変える。否応《いやおう》なしに変える。成長させもすれば、いじけさせたりもする。人格を形成させもすれば、破壊したりもする」（『非営利組織の経営』）

本来、生物的なシステムを間違って機械的なシステムとして利用すれば、人格の破綻を招く元凶となります。生物的なシステムとしての特質が最も現れているものが組織の文化です（以下、『現代の経営』から）。

「優れた組織の文化が存在するならば、投入した労力の総和を超えるものが生み出される。力の創造がされる。これは機械的な手段では実現できないことである。（中略）投入したものを超える価値を生み出すことは、人が関わる領域においてのみ可能である」

ひとたびこのような文化ができれば一定の方向性をもって組織は動き出します。

「経営管理者を動機づけ、彼らの献身と力を引き出すもの（中略）は、組織の文化である」

しかし組織の不祥事を巡る日々の報道は、良い組織文化ばかりではないことを教えています。

「優れた文化を実現するために必要とされるものは行動規範である。強みの重視であり、真摯《しんし》さの重視である。正義の観念と行動基準の高さである」

強み、真摯さ、正義――「優れた文化」とは範となる質を問うものだということです。経営において量を求めることは、避けて通れませんが、卑しさはないかが問われています。卑しさは組織の文化を劣化させ、人格を傷つけます。

「卑しい文化は卑しい経営管理者をつくり、偉大な文化は偉大な経営管理者をつくる」

卑しさも偉大さも人が感じ、実現するものです。生物的なシステムは自分が組織です。自分がどう感じ、自発行動するかです。

「自らをマネジメントするということは、一つの革命である。（中略）あたかも組織のトップであるかのように考え、行動することを要求する」（『明日を支配するもの』）

覚醒を求める安岡先生のリーダーに向けた開講の弁を味読したい。

「大事は要するに自他の自覚精神に待つほかない」

私は本書において、産業社会では、それぞれの組織が一人ひとりの人間に役割を与える社会的機関であるだけでなく、位置を与えるコミュニティでなければならないとした。

――『産業人の未来』（1942）

◉「いい会社」は「いい社会」を実現する道具である

「貴方《あなた》は社会人ですか」と問われたらどのように答えるでしょうか。

多くの人が「社会とは何か」を知らずに「社会人」という言葉を使っています。これにはドラッカーも苦労しました。

「**社会を定義することは、生命を定義するのと同じように難しい。**（中略）**われわれは、**

生命が何であるかを知らなくとも、生命あるものが生命を失い死体となるときを知ることはできる。（中略）同じようにわれわれは、社会を定義することはできなくとも、その機能の面から社会を理解することができる」（『産業人の未来』）

「機能する社会」の実現は、ドラッカーが生涯追い求めた最大のテーマでした。マネジメントは、そのための方法にすぎません。

つまり、ドラッカーが求めたものは、「いい社会」の実現であり、「いい会社・組織」はその手段にすぎないということです。それゆえドラッカーは、組織は社会の道具であると位置づけます。

日本におけるドラッカーの分身と言われた上田惇生《うえだあつお》先生は、彼が取り組んだ命題は「人間の幸せとは何か」であるといいます。

マネジメントは、いい社会、人間の幸せ実現の方法として発明されたものです。私利私欲で組織という道具を使おうとしても機能しないのは、そのためです。

「社会というものは、一人ひとりの人間に対して『位置』と『役割』を与え、重要な社会権力が『正統性』をもたなければ機能しない」（『産業人の未来』）

「位置」と「役割」を得ることは、機能する社会のための不可欠な条件です。ドラッカーは、社会とは**「特異な動物たる人間の環境」**であるといい、人間は「絆《きずな》」なしに、社会と呼ばれる環境で生きていけないといいます。その絆は、自分を位置づけるコミュニティと、自分の役割を得る社会との関係で出来上がっています。

二〇世紀以降、組織は絆を手にする重要な場となり、社会権力をもつようになりました。そしてマネジメントは、その絆をつくる重要な役割を担っています。正統性は、その役割を果たしている状態を示す言葉です。

◉第一の習慣——まず「何がなされるべきか」を考える

こうして考えると「社会人」とは、社会という人間の環境において「居場所」をみつけた人ということができます。

地域や家庭という地縁血縁による伝統的なコミュニティの力は弱まる一方です。現代では、目的をもった人間集団である企業や、学校などの組織がコミュニティとして機能することが期待されています。

人間は、コミュニティなしには生きていけない動物だからです。

ドラッカーは、組織を経済的機関、社会的機関、公的機関という三つの側面でとらえています。「居場所」の問題は、社会的機関として機能しているかどうかということです。

社会的機関というと社会が重要に思えますが、社会は私たちの環境にすぎません。主役は、組織に属している一人ひとりです。

「組織とは、共通の目的のために働く専門能力をもつ者からなる人間集団である。社会、コミュニティ、家族などの伝統的な社会集団とは異なり、組織は目的をもって設計され、形成される」（『ポスト資本主義社会』）

共通の目的を実現することを目指す人間集団だからこそ、一人ひとりに目的由来の「役割」が生じます。そのための大切な思考習慣があります。

「第一に身につけるべき習慣は、なされるべきことを考えることである。何をしたいかではないことに留意してほしい」（『経営者の条件』）

目的を実現するために仕事があり、生産的であることが求められます。非生産的ならば、組織は存続し続けることはできず「居場所」が失われるからです。

「仕事を生産的たらしめることこそ、あらゆる組織にとって基本的な機能である。しかも現代社会においては、組織こそ、一人ひとりの人間にとって、生計の資、社会的な地位、コミュニティとの絆を手にし、自己実現を図る手段である」（『マネジメント』）

組織社会では、組織が仕事を供給し、それを行うことで社会の中で役割を果たし、同時に仕事を通して絆、すなわち人間関係をつくるという機能を担っています。

◉働く人が幸せを感じる「七つの因子」

「人間関係に優れた才能をもつからといって、よい人間関係がもてるわけではない。自らの仕事や人との関係において、貢献に焦点を合わせることにより、初めてよい人間関係がもてるのである」（『プロフェッショナルの条件』）

この言葉には、少し違和感を覚える向きもあるかもしれません。目的をもった人間集団においては、その目的を実現するために、一人ひとりがいかに貢献するかを考えることが求められます。ポイントは「目的をもった人間集団においては」にあります。

どんなに人間関係が良好でも、目的の実現に向き合おうとしない人間集団に組織としての存在意義はありません。組織においては、仕事をとおして形成される人間関係こそが健全で意味あるものです。

慶應義塾大学の前野隆司先生らの調査で明らかになった、働く人が幸せと感じる七つの因子です。

①自己成長
②リフレッシュ

③チームワーク
④役割認識
⑤他者承認
⑥他者貢献
⑦自己裁量

③⑤⑥は、仕事をとおした他者との関わりの中で実現し、①⑦は、自己完結的に実現可能です。ドラッカーは、自己開発の意味を次の二つであるといいます。

「一つは人としての成長であり、一つは貢献のための能力の向上だった。（中略）貢献のための能力の向上とは、自らの強みを伸ばし、スキルを加え、仕事に使うことである」

（『非営利組織の経営』）

つまり自己開発とは、貢献のための能力を伸ばすことで自己裁量の範囲を拡げ、他者の役に立つ機会を増やし、人との関わりをとおして自己を成長させることにほかなりません。働くことを通して多くの幸せの種を手にすることができるのです。

位置と役割を得ることとは、自分の居場所を照らし続ける覚悟を呼びかけ続けた安岡正篤先生の「一燈照隅《いっとうしょうぐう》」の精神に通じています。結びに師の言葉を味読したい。

「真に自己を社会化するためには、常に自己を深めねばならぬ」

近視眼的に育ててはならない。身につけさせるべきスキルはある。だが人を育てるということはそれ以上のことである。キャリアと人生に関わることである。

――『非営利組織の経営』（1990）

◉一人ひとりの個性を社会に生かす――組織の使命

「売上や利益をあげるために人材育成があるのではない。人の命を輝かせるためにある」と、二〇二四年六月に開催された社内木鶏《もっけい》全国大会の感動大賞に輝いた㈱宮田運輸の宮田博文会長は、受賞スピーチで声高らかに宣言しました。

売上や利益を追い求める中で交通事故が起き、尊い命を奪ってしまったという自責から再出発して、宮田運輸は「心の経営」にたどり着きました。

そして、「社内木鶏会」という、雑誌『致知』を用いた毎月の勉強会も一人ひとりの命を輝かせるために二〇一六年から行われています。素心《そしん》で自他に向き合い、他者の美点を凝視することで心が磨かれていくからです。

宮田会長の言葉に触れ、私たちは、人材育成を組織のために行っていないだろうかと自問させられます。人的資本経営というとき、主役は誰なのでしょうか。

「自己啓発とは真の人格の形成でもある」（『経営者の条件』）

自己成長のための方法として自己開発があり、その場として組織がある。これが組織の本質です。

「社会的な目的を達成するための手段としての組織の発明は、人類の歴史にとって一万年前の労働の分化に匹敵する重要さをもつ」（『マネジメント』）

組織の社会的な目的とは、一人ひとりの個性を社会の中で生かす仲立ちとして組織が機能し、その場をとおして公に貢献することです。利益は、このような社会的な目的を有する組織が継続して存続するための条件にすぎません。

「事業体とは何かを問われると、たいていの企業人は利益を得るための組織と答える。（中略）この答えは間違いなだけではない。的外れである」（『現代の経営』）

的外れの目的をもって経営を行えば、人の命にもかかわるということです。

「**組織は人を変える。否応《いやおう》なしに変える。成長させもすれば、いじけさせたりもする。人格を形成させもすれば、破壊したりもする**」（『非営利組織の経営』）

◉最初に「われわれのミッションは何か」を問う

冒頭のドラッカーの言葉は、人材育成の本質を述べます。

つまり、人を育てるということは、宮田会長の言葉を借りれば人の命を輝かせることです。他者の人生に関わることを覚悟するということです。

この人材育成の原則を押さえていれば、人材難の昨今でも人手の確保に困ることはありません。ちなみに宮田運輸では求人を出すと一〇〇倍近い応募があるそうです。

「**企業が人の成長を請け負うなどということは法螺《ほら》にすぎない。成長は一人ひとりの人間のものであり、その能力と努力に関わるものである。いかなる企業といえども、自己啓発に関わる努力を肩代わりすることはできない**」（『マネジメント』）

人材育成の主役は本人自身です。つまり、自己啓発（開発）、自己成長を支援することが組織における人材育成の本質です。それゆえ人材の育成は、組織に属する人の目線で見ることが大切です。顧客目線で物事を見ることをマーケティング思考といいます。人材についても同様であるとドラッカーはいいます。

「必要な人材を惹《ひ》きつけとどまってもらうには、彼らの仕事をいかなるものにする必要があるか、仕事の市場にはいかなる人たちがいるか。彼らの関心を惹くにはいかにしたらよいか」（『経営の真髄』）

　この言葉は、ドラッカーが提唱した経営者が用いるべき「五つの質問」に符合します。以下番号は、五つの質問の順番を示しています。

②われわれの顧客は誰か――仕事の市場にはいかなる人がいるか
③顧客にとっての価値は何か――働く彼らの関心は何か
④われわれにとっての成果は何か――人材を惹きつけ、とどまってもらうには、仕事をいかなるものにするか、もしくは変えるか

「五つの質問」の第一は、「われわれのミッションは何か」です。人材を惹きつけるには、これも大切なポイントです。何のために仕事をするのかが不明確な状態では、働く動機を喚起することはできないからです。目的が変われば②の答えは変わります。②～④の原点として組織のミッションは最も大切なことといえます。

　第五の問いは、「われわれの計画は何か」です。計画からスタートしないということが

大切です。いくら求人広告を出しても応募者が一人も来ないなど人材の確保が難しい時代においては特に計画の土台（①〜④）が重要です。

◉仕事では、他者（顧客）の喜びが、自分の喜びになる

「彼らの仕事をいかなるものにする必要があるか」と問うことは、仕事とは何かに答えることです。

「**仕事とは人格の延長である。それは自己実現の源である**」（『マネジメント』）

つまり、仕事とは人格の延長であるということを知り、充実した仕事の中に自己実現の源泉を見つけるということです。

「**仕事は働くこと**（**working**）、**つまり人の働きとは違う。仕事は客観的な存在である。それは何かである。人とは別の何かである**」（『マネジメント』）

禅問答のような言葉です。ドラッカーは、次のように続けます。

「**仕事**（**work**）**と遊びの違いについては、満足な答えが得られたことはない。体の動きは、細かなことまで同じことがある。**（中略）**おそらく最大の違いは、仕事が客観的な存在であることにある。仕事は、働く人とは別の何かとしての成果を生み出す。これに対し、遊**

びの目的は遊ぶ人自身にある」

仕事の先に、顧客の満足、喜びがあります。それゆえ自分勝手に仕事の内容を変えることはできません。つまり仕事は、「仕事ぶり」という形で客観的に自己評価する対象になります。自己評価の基準も設定するのは自分です。

「**属人的な基準ではなく、仕事のニーズに根ざした基準を設定することになる**」(『経営者の条件』)

たとえば「社内木鶏会」という学びの場で『致知』を読み、覚者《かくしゃ》、先人の生き方に照らして自分の仕事ぶりを感想として述べるとき、己の心の姿勢が映し出されます。「仕事ぶり」に違いが生じるのは、その仕事を行うためのスキルや経験、仕事に向き合う心の姿勢が人によって異なるからです。基準を高く設定することも、最低限に設定することも自分の心が知っています。仕事は人格の延長であるとドラッカーがいう意味がここにあります。仕事という機会を用いていかに自己を磨き、人として成熟していくかが問われています。任う仕事の大小とは無関係です。

自己実現とは、日々の仕事を通して、他者の喜びの中に自己の喜びを見出していくことなのではないでしょうか。

成長可能な資源は人的資源だけであることが明らかである。他の資源はすべて機械的な法則に従う。

――『現代の経営』(1954)

◉経営資源を「一+一=三以上」にする考え方

大企業を中心に人的資本経営への関心が高まっています。

企業規模の大小にかかわらず、このような発想は本質的に重要です。

「**知識労働の特性は、働き手が労働力ではなく資本だというところにある**」(『ネクスト・ソサエティ』)

資源は使えばなくなりますが、人的資源、とりわけドラッカーが知識労働者と呼んだ人たちは、経験とともに何かを生み出す力を増していきます。

新入社員が戦力になるのに何年かかるかと考えるように、支払われるコストは投資という側面を含んでいます。このような考え方は、人が二〇年働いていようが五〇年働いていようが同じです。コストが資本として蓄積すれば、ものを生み出す力が増していくのです。経営資源といえば、ヒト、モノ、カネといわれますがモノもカネも一足す一は二にしかなりません。これをドラッカーは、機械的な法則と呼びました。これに対してヒトには生物の法則が当てはまります。

生物の法則とは何でしょうか。

それは生成発展、自己成長するということです。

人間も生物であるからには、この法則が当てはまります。植物も動物も自立して成長を遂げます。人間も同様です。植物も動物も環境に適応し、生成し、発展を遂げて今ここにあります。人類も同様です。

人類に備わった生成発展の力を存分に生かし、一人ひとりが成長を遂げ、次の世代、つまり親から子へ、師から弟子へ、先輩から後輩へとバトンを渡すこと、それが生を享《う》け、今ここにいる私たち一人ひとりの務めです。

「一葉の草しか育たなかったところに二葉の草を育てる者こそ人類の福祉に貢献する者である」（『現代の経営』）

ドラッカーは、『ガリバー旅行記』の著者ジョナサン・スイフトが三〇〇年以上前に発した右の言葉を紹介し、資源を生産的なものにすることを託された企業のために、マネジメントという体系的な知識を生み出しました。

それは人類に与えられた人間力によってのみ実現されるものであるというドラッカーの信念の表明でもありました。

◉限りなく自己成長し、人間性を高める――職業人の使命

「成果をあげるエグゼクティブの自己啓発とは真の人格の形成でもある。それは機械的な手法から姿勢、価値、人格へ、そして作業から使命へと進むべきものである」（『経営者の条件』）

私事に関わる事例で恐縮ですが、先日亡き母の遺品の中に洋裁の免状を見つけました。戦後すぐに専門学校から授与されたものでした。

母は、その後、洋裁店に就職し、結婚して退職し、長く内職をしながら家計を支えていました。デザインを提案し、採寸《さいすん》し、型紙を起こし、裁断《さいだん》し、縫製《ほうせい》する姿を見て私は育ちました。

ドラッカーが知識労働という言葉を生み出す以前、組織社会到来前の日本には母のよう

な多くの知識労働者が存在したのです。知識労働者は、事務仕事を中心に行ういわゆるホワイトカラーとは異なります。自分で考え、決定し、行動する者のことをいいます。

採寸、裁断、縫製などは機械的な作業にすぎませんが、その姿から多くのことを学んでいたのだと、今さらながら感謝の念を深くせずにはいられませんでした。

「マネジメントとは、模範となることによって行うものである」（『経営者の条件』）

母は子供の模範となろうと仕事をしていたわけではないでしょう。顧客に真摯《しんし》に向き合う姿勢から生まれたものが何ごとかを伝える範を示し、これを模《も》す。これも生物的な法則です。私たちは、誰かから大切なものを引き継いで今ここにいます。

「個々の人間は先人たちから時代の遺品を受け継ぎ、それをごく短い期間担い、後の人たちに引き渡していく」（『すでに起こった未来』）

受け継いだ遺品に感謝と敬意を払い、恩に報いようと次の世代に恩を送る。それゆえ短い期間を担う私たちは、自己開発し、限りなく自己成長し、人格を高めるという使命を負っているのです。

安岡正篤先生の言葉はその要諦《ようてい》を教えています。

「命とは自己に発せる造化のはたらきである。命を知るとは、一方に於《お》いて真の自己に反《かえ》ること、他方に於て無限に真己《しんこ》を進歩させることでなければならぬ」

◉感動こそ、力を創造する原点である！

現代は組織社会です。組織を通して無限に真己を進歩させるにはどうすればいいのか。

これが現代的な課題です。

「方向づけは、一人ひとりの人間の動機づけにつながらなければならない。方向づけのシステムは機械的なシステムではなく、人間の意思に関わるシステムである」（『マネジメント』）

培《つちか》われた人間力を、組織をとおして世の中の力に変えるには、組織を方向づける必要があります。その方向づけに共感、共鳴することで人の心が動きます。それが動機づけの本質です。そのためには一つポイントがあります。

「情報が行動につながるには、その情報が別の種類の情報、つまり知覚に翻訳されなければならない」（『マネジメント』）

「知覚」とは、その人の経験の中に情報が入り込むことです。つまり心が何ごとかを感じ、これを動かすことです。

働く人は、組織のための駒ではありません。仕事をとおして自己実現を遂げ、次の世代に善《よ》き何ごとかを伝える伝達者です。

そして組織社会では、組織の文化や社風が有力な伝達媒体となり、善き人を育てます。

「**優れた組織の文化が存在するならば、投入した労力の総和を超えるものが生み出される。力の創造がなされる。これは機械的な手段では実現できないことである。**（中略）**投入したものを超える価値を生み出すことは、人が関わる領域においてのみ可能である**」（『現代の経営』）

ここに組織で人間学を学ぶ意義があります。

仕事に必要な知識やスキルを学ぶことは大切です。しかし、多くの生物の中にあって人間だけが手にした心を高め人格を磨くことはさらに重要です。それが力を創造する原点であり、人的資本の本質だからです。

最後に、安岡先生の言葉を味わい、心のあり方を学びたい。

「人間の進歩というものは、偉大なる発明発見でも悟りでも、すべてインスピレーションとか感動から始まる。ただし感動するためには、われわれの心の中に感受性がなければならない。感受性というものは、自分が充実しなければ出てこない」

第二章

自分の強みを生かして、組織に貢献する仕事学

自らを生き生きとさせ、成長を続けている人は、自らの仕事ぶりの評価を、仕事そのものの中に組み込んでいる。

――『プロフェッショナルの条件』(2000)

◉「集中、改善、勉強すべきこと」を最後に問う効果

「私がなぜ長い間、知的な世界において仕事を続けることができたか」について語った「ドラッカーの人生を変えた七つの経験」から学ぶことは多い。九〇歳を過ぎてなお現役で発信し続けたドラッカーの原点であり、読むたびに気持ちを新たにさせられます。

第一次世界大戦により働きざかりの人材が払底《ふってい》していたヨーロッパでは、若い人に多くのチャンスが回ってきました。若きドラッカーもその一人であり、二〇代前半でドイツの

有力新聞社の論説委員に抜擢《ばってき》されました。

ヨーロッパでも屈指のジャーナリストだった同社の編集長は、ドラッカーを含む若手を鍛えぬきました。

そのための方法が、振り返りを目的とする一人ひとりとの対話でした。その対話は毎週末と、半年に一回、新年と六月の土曜の午後と日曜日に行われました。

「優れた仕事は何か」

「一生懸命やった仕事は何か」

「一生懸命やらなかった仕事は何か」

編集長は、このような順番で仕事ぶりについて評価し、最後にお粗末な仕事や失敗した仕事に関して痛烈に批判したといいます。ポイントは、人ではなく仕事ぶりに対するフィードバックだったという点です。あくまでも仕事ぶりに関する評価は自ら行うべきものです。のちに、自己評価に関する情報提供について次のように述べるようになります。

「自らの仕事ぶりを管理するには、自らの目標を知っているだけでは十分でない。目標に照らして、自らの仕事ぶりと成果を評価できなければならない。

したがって、あらゆる分野にわたって、自己評価のための明確な情報を与える必要がある」(『マネジメント』)

年二回の対話の締めくくりは、いつもこの問いで終わりました。

「集中すべきことは何か」

「改善すべきことは何か」

「勉強すべきことは何か」

つまり過去を省みて、未来に何を生かすかを問うたのです。ドラッカーにとってこの対話は、大きな楽しみになっていました。

仕事ぶり、すなわち生産的な仕事かどうかに焦点を合わせ、自己評価に必要な情報を提供した編集長は、最後に学ぶべきことを問いかけたのです。

「働きがいを与えるには、仕事そのものに責任を持たせなければならない。そのためには、①生産的な仕事、②フィードバック情報、③継続学習が不可欠である」（『マネジメント［エッセンシャル版］』）

このようなプロセスは、働きがいを生み、若きドラッカーに仕事の楽しさを教えました。マネジメントの理想的な姿です。

◉ドラッカーの「フィードバック分析」で強みを引き出す

ドラッカーは、編集長との対話の経験を渡米後に思い出し、さらにイエズス会の修道士やカルバン派の牧師の次の方法を取り入れ、自己評価を自分でもできるようにしました。

「**何か重要な決定をする際に、その期待する結果を書きとめておかなければならないことになっていた。一定期間の後、たとえば九か月後、実際の結果とその期待を見比べなければならなかった**」(『プロフェッショナルの条件』)

つまり、事前に期待を書きとめておくことで「このくらいでいいか」などと事後に期待値を調整する曖昧《あいまい》さを排除しました。

ドラッカーはこれをフィードバック分析と呼び、活動の成果と自らの成長に焦点を合わせる方法とし、五〇年以上続けました。

二、三年も取り組めば、主に次のような効果が期待できます。

①分析によって明らかになった強みに集中し、伸ばすこと
②伸ばすべき技能、新たに獲得すべき知識を知ること
③専門以外の知識を軽視してはいけないこと
④成果をあげるうえで邪魔になっている悪癖《あくへき》を改めること
⑤成果をあげることをさまたげている人への接し方を改めること
⑥苦手なものはおこなわないこと、または人に任せること

⑦並みの分野での能力の向上に無駄な時間をつかわないこと

フィードバック分析は、自分の仕事ぶりをとおして自分のことを知り、強みや得意分野を用いることに集中し、そうでないものを省くことの大切さを教えてくれます。これを実践することで日々刷新を繰り返し、自己成長を続けることができるのです。

◉優先順位より劣後順位——取り組むべきでない仕事を知る

「本当に行うべきことは優先順位の決定ではない。（中略）集中できる者があまりに少ないのは、劣後順位の決定、すなわち取り組むべきでない仕事の決定とその決定の遵守《じゅんしゅ》が至難だからである」（『経営者の条件』）

この言葉の中に一つの人生の法則が語られています。「〇〇していないか」を自問し、日々の行動から省《はぶ》いていくことです。廃棄することを決めておくことと、それを徹底することの中に集中の要諦《ようてい》があるのです。

『論語』の中にもフィードバック分析と呼ぶべき章句があります。

「曾子《そうし》曰《いわ》く、吾《われ》日に吾《わ》が身を三省《さんせい》す」（学而《がくじ》第一）

孔子の高弟である曾子は、次の三つのことを省みて、よくないことを省いていくことを教えています（『「論語」一日一言』より）。

①人のためを思って真心からやったか

②友達と交わって嘘いつわりはなかったか

③まだ習得しないことを人に教えるようなことはなかったか

人間学の基本書ともいうべき『論語』には、対人関係の虚実の中から省くべきことが明示されています。

除夜の鐘もまた煩悩を取り除くために撞《つ》かれるといいます。生まれた時は仏であるはずの人間は、情報に反応し、人と接してはイライラし、人と比べては心を乱し、日々煩悩（妄想）に悩まされています。これを省いていくことが仏になる道と仏教は教えます。

「**達磨《だるま》は**（中略）**自らの努力によって自らの内部の神性を高め、精神的な完全を達成した。そのような生き方は人間的ではない。精神的であって、実存的な生き方である。知識ではなく叡知《えいち》に、力ではなく自己規律に、成功ではなく卓越性に焦点を合わせた生き方である**」（『すでに起こった未来』）

知識を得よう、力を得よう、成功しようという心が生む煩悩（妄想）をいかに省いていくか。ドラッカーは、禅宗の祖・達磨大師の生き方の中に自分の外側にあるものを廃棄し、内面に集中すべきことの大切さをみたのです。

指紋のように自らに固有の強みを発揮しなければ成果をあげることはできない。なすべきは自らがもっていないものではなく、自らがもっているものを使って成果をあげることである。

――『非営利組織の経営』(1990)

◉ドラッカーにとって人生最高の教師とは？

少年ドラッカーは、自分には不得意なものがあることを一〇歳で気づいていました。綺麗《きれい》な字を書くこと、大工道具を使えるようになること――ドラッカーの小学校の先生は、これらを断念し、飛び級で上級の学校に進むことをドラッカーの親に提案します。それは、不得意を凌駕《りょうが》してあまりある、ドラッカーの抜群の成績へのご褒美でした。得意なことと不得意なことをどのように扱えばいいのかを、彼は人生で初めて学んだのです。

長じてドラッカーは、教えることと学ぶことに対する関心の高さから、偉大な教師がいるという噂を耳にすると講義にもぐり込み、見聞を広めるようになりました。その結果、皮肉にも、自分が不得意とした分野を教えた国語と工作の小学校の先生が人生最高の教師であることと、一流の教師には二つのタイプがあることを知るのです。

工作の先生は天賦《てんぷ》の教師の才によって「ふむ、ふむ」「よし、よし」などと知覚的に教え、国語の先生は方法によって、具体的には、ワークブックを用いて計画的に学ばせました。

ドラッカーは、ここで学び方のスタイルを身につけたのです。これは、のちに仕事の仕方（ワークスタイル）の一つとして知られるようになります。そして「学び方には何種類もある」といいます。

「得意な学び方はどのようなものかと聞けば、ほとんどの人が答えられる。では実際にそうしているかと聞けば、そうしている人はほとんどいない」（『明日を支配するもの』）

知識社会において自分の得意な学び方を確立していることは、とても重要です。

「この自らの学び方についての知識に基づいて行動することこそ、成果をあげるうえでの鍵である」（『明日を支配するもの』）

◉自分の「強み」は「得意分野」と分けて考える

仕事の仕方のわかりやすい例は、情報の取得の仕方には、聞き手と読み手がいること、また情報発信の仕方には、書き手と話し手がいることを挙げることができます。あなたはどちらですかと聞けば、多くの人は、私は「読み手で話し手です」などと答えることができるでしょう。しかしそれを意識して仕事をしているかといえば、意外とそうではありません。

「強みと仕事の仕方が合わないことはあまりない。（**中略**）**ところが、強みと価値観が合わないことは珍らしくない」**（『明日を支配するもの』）

ドラッカーは、仕事の仕方と強み、価値観を分けて考えます。

強みは、指紋のように人に固有なものだといいます。得意分野でもなく、仕事の仕方（ワークスタイル）でもなく、価値観でもない強みとは、生来の個性、資質のようなものです。少なくとも遺伝的、環境的要因によって社会に出るまでに身についたものだといえましょう。

このような整理からいえることは、たとえば、英語が話せることは強みではなく、得意分野ということになります。

価値観とは、自身の経験の蓄積により生じた信条、行動基準です。たとえば人生観、仕事観、倫理観など多様です。

さてあなたは、日々これら四つのことをどれだけ意識して生かしているでしょうか。

①得意分野
②資質（強み）
③仕事の仕方
④価値観

「**誰でも自分の強みはわかっていると思う。たいていが間違いである**」とドラッカーはいいます。強みに代表されるこの四つは、生かす以前に知ることが難しいのです。

私も探索している途上にあります。霧の中からぼんやり見えてきたものを順次、意識的に生かし、練磨し、また実践するということを繰り返しています。

ドラッカーの人生からこれらを見出す要諦《ようてい》を探ります。

◉一生を尽くしても、会わねばならない一人の人

「六〇年私が説いてきたものは、コンセプトとしての社会の多様性だった。**個人を取り上げることがあっても、それはコンセプトを明らかにするためだった。関心は一人ひとりの人間のほうにあったものの、私が得意とするものはコンセプトのほうだった**」（『傍観者の時代』）

ドラッカーは、「関心」に的を当てて自分の得意な分野を磨いていったことがわかります。実際、漫然と得意分野や強みを磨くのは難しいものです。

「**私の仕事は、継続と変革の相克《そうこく》に対する関心からはじまったと言ってよい**」（『すでに起こった未来』）

ドイツで新聞記者をしていた若きドラッカーは、ナチスが権力を掌握し、社会の継続が完全に消えていることを体感し、継続と変革に関心が芽生えます。

ナチスから逃れイギリスに渡って銀行に勤めたドラッカーは、経済学者ケインズのセミナーに参加し、自分の関心のありかを悟ります。

ケインズや参加者全員は、商品の行動に関心をもっていました。しかし、ドラッカーは

「人間の行動」に関心をもっていたことを知るのです。

さらに人間の行動への関心は、人間の環境への関心へと発展し、社会の継続と変革のための重要な要素として技術や人間組織の変化に強い関心をもつようになります。

関心にしたがって身の置き所を変えたドラッカーは、情報を取得するために読み、考えるために大学で教え、書くことで情報を発信し、自己開発を行いました。「マネジメントの発明者」と呼ばれる知の巨人は、関心によって育てられたといえましょう。

「自分の関心は何か」を問うことは、先の①〜④を知り、人生に生かしていく要諦です。また組織人の場合、自分の関心を組織の目的・ミッションに重ね合わせることが求められます。

「情熱と独創と実行がなければ仕事をしているとは言えない。情熱とは、仕事に対する興味と、希望と、喜びをもって、全力的にぶつかることである」

京都大学元総長・平澤興《こう》先生の言葉は、尽きることのない情熱の源泉に興味・関心があることを教えてくれます。先生が西本願寺難波別院で見つけた言葉を味読し、まだ見ぬ自分の大いなる可能性を感じたいものです。

「たとえ一生を尽くしても、会わねばならない一人の人がいる。それは私自身」

自らの学び方についての知識に基づいて行動することこそ、成果をあげるうえでの鍵である。あるいは、それらの知識に基づいて行動しないことこそ、失敗を運命づけるものである。

――『明日を支配するもの』(1999)

◉一流の「学び方」はどこが違うか

職場は、家庭教育、学校教育に次ぐ人生における最も長い最後の教育機会です。

「経営管理者であるということは、親であり教師であるということに近い」(『現代の経営』)

教師は、教えることと学ぶことのプロであり、経営者やマネジャーにもそのことが求められていることを意味します。

しかしながら、学び方についてのわれわれの理解はお粗末なものだとドラッカーは嘆きます。

「学び方は、（中略）深刻な状況にある。なぜならば、世界中のあらゆる国のあらゆる学校が、学び方には唯一の正しい方法があり、それは誰にとっても同じであるとの前提にたっているからである」（『明日を支配するもの』）

つまり、先生に教科書を使って教えてもらうことが学ぶための唯一の方法だと多くの人が勘違いをしているからです。その方法は、かつては革命でした。

「コメニウスが三五〇年前につくった学校が、印刷された教科書を導入する前の学校とまったく違うものとなった」（『ポスト資本主義社会』）

しかしそれは、学ぶための一つの方法に過ぎません。

我が国では、二〇一七年に新学習指導要領が告示され、学校教育を通じてよりよい社会を創ることを目的に育成を目指す三つの資質・能力が明示されました。

①知識や技能が習得されるようにすること
②思考力、判断力、表現力等を育成すること

③学びに向かう力、人間性等を涵養《かんよう》すること

これまでとは大きく異なる方針が打ち出され、「何を知っているか」から「何を理解しているか」、「個別の知識・技能」から「生きて働く『知識・技能』」へ本質的転換を目指したのです。教科（書）は、物事の見方・考え方を身につける手段とされました。

このような転換は、職場教育にもそのまま当てはまります。

テキストを使って誰かが教えるという座学中心の一方的な知識や技能の提供という方法は限界に達しています。

◉成果をあげるのは「教わる人」でなく「学ぶ人」

「世界の一流の著述家の多くは学校の成績が悪い。本人たちも、学校は苦痛だったと言っている。（中略）原因は、（中略）聞くことや読むことによっては学べなかったことにあった。彼らは、自ら書くことによって学ぶという種類の人たちだった」（『明日を支配するもの』）

学び方は人によって異なり、自分の学び方を知って行動している人が成果をあげるのです。

先に紹介した新学習指導要領では、主体的、対話的で深い学びを標榜《ひょうぼう》し、従来の講義中心の形式からアクティブラーニングと呼ばれる生徒が能動的に学ぶ学習方法への転換を目指し、学び方を意識するようになりました。

しかし「自らの学び方は何か」との視点は明示的ではなく、「学びに向かう力」に包含《ほうがん》されています。自分の学び方は、主に社会に出て真剣に問題や課題に向かうときに知ることになります。

学校教育も職場教育も変革のときを迎えています。しかし、どんなに充実した職場教育であっても、逆に教育環境が不十分でも最後は本人次第です。人材教育や人材育成は、学ぶための手段にすぎないからです。

「成果をあげることは学ぶことはできるが教わることはできない」（『経営者の条件』）

すべてのスキルや能力は、習慣的な身体能力として習得し、行動として発現したとき、はじめて学んだといえます。

では、教育が学びの手段だとすれば、学びの真の目的は何でしょうか。

「凡《おおよ》そ学は能《よ》く益《えき》すに非《あら》ざるなり。天性を達するなり」――学ぶということは何かを付け加えるというような手段的なことではない。自己が元来具《そな》えているものを化育・開花、実現させるものである――『呂氏春秋《りょししゅんじゅう》』にある言葉が学びの目的を簡明に教えています。

さらに自己の実現とともに大切なことがあります。

「学問というものは現実から遊離《ゆうり》したものは駄目であって、どうしても自分の身につけて、足が地を離れぬように、その学問、その思想をもって自分の性格を作り、これを自分の環境に及ぼしてゆくという実践性がなければ活学ではない」（『安岡正篤《まさひろ》一日一言』）

◉その人の徳が、人をマネジメントする

新学習指導要領に見られる「よりよい社会を創る」という目的の実現は、職場教育とそこで培われた学び、すなわち実践をとおしてのみ達成可能です。学校教育と職場教育の意識的な連携が強く求められるところです。

我が国ではかつて、学びの入門書として多くの子供たちが『大学』を手にしました。薪を背負い『大学』を開いている若き頃の二宮尊徳翁の像はその象徴です。『大学』には、格物《かくぶつ》、致知《ちち》、誠意、正心《せいしん》、修身《しゅうしん》、斉家《せいか》、治国《ちこく》、平天下《へいてんか》という八条目《はちじょうもく》が記されており、そこに学びと実践過程の本質があります。

人を治めるために己を修めることや実践を通して知に至ることなどは、大人になる前に真の意味は解《わか》らずとも頭の中に入っており、長じて世のため人のために働く必要性をあら

ためて教える必要はありませんでした。現代はどうでしょうか。

新学習指導要領には、学びに向かう力とともに人間性の涵養が明記されました（③）。これらは、どのように社会や世界と関わり、よりよい人生を送るかに関わる資質・能力であり、他の二つの資質・能力（①、②）をどのような方向性で働かせていくかを決定づける重要な要素であると整理されています。

学びに向かう力と人間性の涵養は、よりよい人生を送る大切な要素です。社会に出て自分の学び方を知り、もって成果をあげ、人格を磨くことが求められています。職場教育は、まさにこれらを身につける最も重要な機会です。

ドラッカーは、仕事は人格の延長であるといい、さらにマネジメントとは模範となることによって行うものであると教示します。

次の安岡正篤先生の言葉は、世の先生と呼ばれる者はもちろん、経営者、マネジャー諸氏に対する明確な指針です。味読して実践に励みたいものです。

「教という字は人が他のお手本になって後進を導くという意味ですから、教師というものは言葉や技術で導くのではなくて、まずその人の徳がその人に接するものの手本にならなければいけません」

コップに「半分入っている」と「半分空である」とは、量的には同じである。だが、意味はまったく違う。とるべき行動も違う。

――『イノベーションと企業家精神』（1985）

◉変化の兆しに気づく人、見逃す人の差

優秀な社員を流出させるわけにはいかない――賃上げ要求に対して満額回答が続出した二〇二三年の春闘（春季生活闘争）の背景には、このような事情が滲《にじ》み出ていました。

企業の行動が変わったのは、数年にわたる政府の賃上げ要請によって変わったわけではなく、世の中の空気が「半分空である」に変わったからです。

優秀な人材の流出も今に始まったことではありません。現実は大きく変わらずとも、人

の意識が大きく変わるとき世の中が動きます。

「君子は幾《き》を見て作《た》ち、日を終うるを俟《ま》たず」（『易経《えききょう》』一日一言』）

編者の竹村亞希子先生の解説を見てみましょう。

「兆《きざ》しがどんな結果を教えているかを知る者は、それを見てすぐさま行動し、一日と置かずに処理することができる。

このままでは危ういと感じてもすぐに行動せず、そのままやり過ごして大きな禍《わざわい》に至る事例は少なくない。兆しを察したら素早く行動せよ、と易経は教えている」

ＯＥＣＤ（経済協力開発機構）の世界の平均賃金データによると、日本の二〇二一年の平均賃金は四三三万円でＯＥＣＤ加盟国三五か国中二二位です。過去三〇年間、ほとんど横ばいでいつの間にか韓国にも抜かれています。この間、米国では一・五倍に平均賃金は増えています。

このような状況にあってもまだコップに「半分入っている」と考える人もいるかもしれません。しかしそれは、賃金がほとんど増えないことが三〇年間も続いて形成された思考習慣のせいです。

賃上げの動きは、今後、中小企業に広がるかが焦点となっています。コロナ禍以前の日本は、人手不足の状態にありましたが、すでにその動きは再燃しています。とりわけ若年労働力の不足が顕著で大卒者の初任給三〇万円を掲げる企業も出てきています。労働市場に企業の大小の別はありません。

中小企業も賃上げは避けてとおれない現実となりつつあります。今回の動きは、日本の大きな転換点になるかもしれません。兆しを察したら素早く行動せよ、『易経』の教えに従うときです。

◉イノベーションが生まれる時には、共通項がある

『易経』に洞察力を説く卦《け》があります。竹村先生は、「洞察とは物事の裏にある本流を見抜くこと。また、外側に現れない人の心、内面の動きを読むこと」とし、洞察に至るまでの五つの段階を説明しています（部分要約して引用）。

①童観《どうかん》す——幼子の目。何が起きているかという現象だけを観る

②窺《うかが》い観る——人の見解を聞いて物事を窺い知る

③我が生を観る——主観的に観る。自分を省みて、判断する

④国の光を観る——物事を客観視できる段階。国民のささいな表情やしぐさから、その国のリーダーのあり方、国全体の情勢を察する

⑤民を観て我が生を観る――起こっている物事を写し鏡のように観、物事全体を正しく導くために何をすべきかを知る

「民」は、組織で働く一人ひとりと置き換えることができます。今は、激しい物価上昇の中で生活する一人ひとりの表情から民意を汲《く》み取り、リーダーのあり方を考えるときではないでしょうか。

「世の中の認識が『半分入っている』から『半分空である』に変わるとき、イノベーションの機会が生まれる」（『イノベーションと企業家精神』）

この言葉は、冒頭の言葉の続きです。兆しを放置すると大禍に至ることもありますが、適時にこれを利用すれば新たな価値創造の機会ともなります。

イノベーションとは、世の中に新しい価値を提供することです。新しいといってもすでに持っている知識や強み、経験を再結合させることで新たな価値を創造することです。たとえば、みなさんが読んでいるこの本文は、〈マネジメントと人間学〉を結合させることで新しい価値を提供しようとしています。

「知識の仕事への応用たる『生産性』と『イノベーション』によって、価値は創出される」（『ポスト資本主義社会』）

仕事の生産性を高めるために、今の職務におけるスキルの大幅な変化に適応するために、

必要なスキルを獲得するリスキリングの動きが官民で盛んです。しかし、単に保持するスキルを更新するという問題ではなく、新たな価値を創出するために役立てるという姿勢が求められています。

◉今の日本は「半分空である」ことに気づく

「仕事に全情熱を傾ける人にしてはじめて俸給を貰《もら》う資格がある。仕事に全情熱を傾けない人は俸給を貰う資格がない」

企業の社外役員も経験された京都大学元総長・平澤興先生の言葉です。

コロナ禍《か》で失われた市場や資材の高騰など大変な環境にあって賃上げを行いながら経営を続けることは難事です。今後も続く賃上げ要求に備える唯一の処方箋は、事業が生み出す価値を継続的に高めて行くことです。賃上げを情熱に点火させる機会にしたいものです。

平澤先生の言葉から仕事に向かう姿勢を学びましょう。

「情熱と独創と実行がなければ仕事をしているとは言えない」

ただ単に賃金が上がるだけでは、組織の継続性に黄色信号が点滅します。この難局を乗り切る要諦《ようてい》を平澤先生の言葉は示しています。まずは情熱です。

「情熱とは、仕事に対する興味と、希望と、喜びをもって、全力的にぶつかることである」

単なる作業者であっては、興味や希望は生まれません。自分はその作業や仕事における知識を用いる専門家であるという自覚が情熱を生むのです。次に独創です。

「独創とは、いいつけられたことをやるだけではない。それはたんなる経験では駄目で、ねてもさめても考え、ひたすらに仕事に対して一層よりよきことを考え出すことである。ただ一生懸命に真面目にやるとか、熱心に仕事をするだけでは駄目で、独創とは与えられた仕事に生命《いのち》をかけてよりよき道を見つけることである。絶えず新しい事を考えて創造せよ」

組織で働くすべての人がこのような姿勢と行動で仕事をすることが求められます。最後に実行です。

「実行とは、覚悟をきめ、肚《はら》を据《す》えて、目標に向かって進むことである。かしこいことを言うだけではだめである。実行が出来なければなにもならぬ。結局実行により成就する」

今の日本は「半分空である」。しかし、この苦境を乗り切った先に人生の賜物《たまもの》がまっています。

「情熱と独創と実行により人間は成長する」

覚悟を決めて進みたいものです。

コミュニケーションが最高の力を発揮すれば転換が訪れる。つまり、人格・価値観・信念・願望の変化がもたらされる。

――『すでに起こった未来』(1993)

◉「仕事」と「働くこと」は別――ドラッカーを読む意味

ドラッカーを読み始めて四半世紀が経ちます。「なぜかくも長い間読み続けられたのだろうか」と自問することがあります。

新しい視点と出合うためドラッカーの著作と対話（コミュニケーション）を繰り返してきた――それが一つの答えのような気がしています。具体例を二つ挙げます。

「組織は社会の道具である」

本書に何度も取り上げてきたこの言葉を、生涯サラリーマンだった父を持つ私は、衝撃をもって受け止めました。子供の頃から、父は組織に使われていると感じるような経験が自分の中にいつしか沈殿し、それを常識として長く生きてきたからなのでしょう。

自分の常識を打破し、新しいものの考え方、視点を手にした驚きは、喜びを伴い、のちの人生に影響を与えます。「組織という道具を使うにはどうすればいいのか」と考え続け、実践・行動する年月を過ごすようになったのです。

「仕事と働くことは別物である」

これも私を驚かせた言葉でした。これまでの人生で類似する言葉を分けて考えたことがなかったからでしょう。仕事（work）は事業を行うために必要なもので、顧客の要請によって生まれるものであり、自分とは別の客観的なものとドラッカーに教えられました。

これに対して働くこと（working）は、人の行為であり、個性に依存し、情緒的、主観的なものだといいます。人が仕事を行う（働く）という現象をぼんやりとしか見ていなかった我が身を振り返り、反省するとともに、物事を観る新しい視点を得た喜びに浸ったことが思い出されます。

この四半世紀、私はドラッカーの言葉から新しい視点を得るために繰り返し読み、人に伝え、実践してきたといえます。

新しい視点とは新しい世界観・価値観と言い換えることができます。自分の目の前に広がる世の中の観方のことを世界観といいます。観え方が変われば、思考が変わり、行動が変容していきます。その行動が自分の経験として蓄積し、新しい価値観を手にすることになります。私たちは日々、世界観・価値観を更新しながら生きているのです。

◉組織社会を生きる基本を知る――ドラッカーを読む効果

ドラッカーの言葉が人を驚かせ、思考と行動に影響を与えることが多いのは、なぜでしょうか。

本質を突いているから――それが最も妥当な答えでしょう。

若きドラッカーは、『企業とは何か』という著作を世に送り出しました。つまり「組織とは何か」とその本質を問うたわけです。その後、「仕事とは何か」「働くこととは何か」「事業とは何か」などと物事の本質を問い続け、私たちに新しい視点を与え続けました。

二〇数年前に出会ったドラッカーの著作群が私に教えてくれた新しい視点は、組織社会を生きるための基本作法だったのです。

普遍性の高い視点は原理原則と呼ばれ、これに反する行為は結局成就することはありません。
「基本と原則に反するものは、例外なく時を経ず破綻《はたん》する」（『マネジメント』［エッセンシャル版］）

たとえば、組織は人類が生み出した社会の道具なので、もし顧客を欺《あざむ》いたり、故意に損害を与えたりすれば、例外なく破綻します。ドラッカーを読む意味とは、本質的な視点を自己の中に取り込み、原理原則に従いながら自己変革することにほかなりません。

ドラッカーは、今を生きるためのもう一つの重要な作法を教えてくれます。一九六〇年代以降、私たちが生きている組織社会は、「知識社会」という性格を帯びるようになりました。

人類は、古代から知識を石斧《せきふ》や鋤《すき》など道具に応用して生産性を高めてきました。そのピークは産業革命です。ドラッカーは、道具や工程、製品への知識の応用を知識の変化の第一段階といいます。

一九〇〇年頃、知識を仕事に応用した人物（F・テイラー）があらわれました（知識の変化の第二段階）。

知識社会は、知識の変化の第三段階に入った社会をいいます。

「新しい意味における知識とは、効用としての知識、すなわち社会的、経済的成果を実現

するための手段としての知識である。（中略）いまや知識は、成果を生み出すために既存の知識をいかに有効に応用するかを知るために応用される。これがマネジメントである」
（『ポスト資本主義社会』）

◉新しい視点と出会う――ドラッカーを読む楽しさ

今やマネジメントは、経営者だけのものではなく、組織で働くすべての知識労働者のものです。

理学療法士や警備員など先進国で働く者の大半は、知識を道具として使いながら働く知識労働者です。それぞれの分野には、それぞれ特有の知識が必要であり、「成果を生み出すために既存の知識をいかに有効に応用するか」を考えることが求められています。

産業革命以来、私たちの意識はより多く、より速く、より安くなど顧客にとって価値あるものを目指してきました。これを実現するために効率的な道具を生み出し、仕事の生産性をあげてきました。

しかし、ドラッカーの視線は、組織社会のもう一方の主役である働く人にも注がれています。

「私たちが直面している挑戦は、知識を再び人格形成のためのものにすることです」（『挑戦の時』）

これまでの道具としての知識を超えるためには、人格を錬磨するのに相応《ふさわ》しい言葉（知識）に出会い、自己対話を続け、新しい視点を取り入れ、実践し、日々自己を刷新しながら生きていくことです。

たとえば、京セラの創業者・稲盛和夫氏の次の言葉は、働くことの本質を考える契機になります。

「動物にしても、植物にしても必死に一所懸命生きていかなければ、生き残れない。それが自然界の掟《おきて》なのだ。（中略）成功するために、一所懸命に働かなければならないのではなく、生きていくために、『誰にも負けない努力』で働く、それが自然の摂理なのだ」

組織社会では、かつての猟場や農場に代わって組織という道具（場）が仕事を供給しています。稲盛氏は、「与えられた仕事に、愚直に、真面目に、地道に、誠実に取り組み続けること」の大切さを教えており、「人間が本当に心からの喜びを得られる対象は、仕事の中にこそある」といいます。

思い返せば、働く喜びは、若き私の父の姿の中にも見出され、労使という構図の中で葛藤を克服しながら道を切り拓《ひら》いた先人たちへの敬意を新たにしました。

人生一〇〇年時代、人格の陶冶《とうや》に資する本質的な視点と対話を繰り返し、自己刷新に挑戦したいものです。

自己開発とは、スキルを修得するだけでなく、人として大きくなることである。

――『非営利組織の経営』（1990）

◉成果は常に「組織の外」にある

「なぜ組織に貢献しなければいけないのですか。理解できません」

もう一〇年以上も前になります。私のセミナーに参加していた大手企業の研究職にある三〇歳前後の女性が発した言葉です。こうも言いました。

「私は自分が成長しなくてもいいと思っています。なぜ成長しなければいけないのですか」

さて部下や後輩からこう問われたら、何と答えるでしょうか。

「自らの果たすべき貢献を考えることは、知識の段階から行動の段階への起点となる。問題は、何に貢献したいと思うかではない。何に貢献せよと言われたかでもない。何に貢献すべきかである」（『明日を支配するもの』）

指示でも命令でもなく、貢献は自発であり、しかも貢献したいか、したくないかという選択の余地もない、とドラッカーはいいます。

「貢献に焦点を合わせることによって、自らの狭い専門やスキルや部門ではなく、組織全体の成果に注意を向けるようになる。成果が存在する唯一の場所である外の世界に注意を向ける」（『経営者の条件』）

「貢献」とは、組織の中で働く際の視点を定める道具です。貢献という「メガネ」をかけると「成果」が見えやすくなり、自然と組織の外に意識が向くのです。貢献は働く人すべてに必要な道具なのです。ちなみに「成果」は、組織の外の世界にいる顧客に起こる望ましい変化のことです。

組織は社会のための道具です。その組織が存続し続けるには、成果をあげ続けるしかありません。

先のセミナー参加者は、「貢献」を何か自己犠牲が伴うものと考えているようでした。ドラッカーの貢献には自己犠牲という要素はほぼ含まれていません。言葉の意味内容の捉《とら》え方は、人によって様々です。このことは普段意識されず盲点となっており、コミュニケーション不全の根本原因です。

組織で働く者の多くは自己中心的です。言われたことをそつなくこなすことが仕事だと思っている人も多くいることでしょう。しかし、どんな仕事も作業も一つの「成果」のために行われているのです。顧客にとって良いことは、工夫次第でいくらでも提供の余地があります。利他の姿勢がこれを可能にするのです。

◉内なる成長・外なる成長——自分の強みを伸ばす法

では「なぜ成長しなければならないのか」と聞かれたら、貴方《あなた》ならどう答えるでしょうか。

「これからはますます多くの人たち、とくに知識労働者のほとんどが、自らをマネジメントしなければならなくなる。自らを最も貢献できるところに位置づけ、つねに成長していかなければならない」（『明日を支配するもの』）

どうやら成長したいか、したくないかについても選択の余地はないようです。「貢献」という言葉と「成長」という言葉はつながっており、「成果」をあげるために不可欠だからです。

「自己開発は哲学でも願望でもない。それは人としての成長である。同時に、貢献の能力の向上である」

「貢献のための能力の向上とは、自らの強みを伸ばし、スキルを加え、仕事に使うことである」（以上、『非営利組織の経営』）

ドラッカーは、人としての成長を内なる成長、スキルや能力の向上を外なる成長といいます。

先のセミナー参加者は、貢献が必要なものだと理解していなかったため、貢献のための能力の向上、つまり自己開発への意識が薄く、成長への疑問となって現れたのです。自己開発とは、仕事をとおして日々学ぶことにほかなりません。

さてここまで読んできて、何を感じたでしょうか。私が伝えたかったのは、「貢献」という一つの言葉の理解の仕方の違いによって言動に大きな影響が及ぶということです。言葉には、音声や表記とともに意味内容が伴います。先のセミナー参加者とドラッカーの間には、貢献という言葉の意味内容に大きな違いがありました。

先のセミナー参加者が間違っていたわけではありません。言葉は、各自のこれまでの経験の中で意味内容を獲得していくからです。「理解できない」のはそのためです。

「貢献」「成果」「成長」「自己開発」は、マネジメントにおける中核的なコンセプト（概念）です。ドラッカーは、言葉の重要な基本単位をコンセプトといいます。

マネジメントという領域では、成果というコンセプトに対して、ときに私たちが日常使っている言葉とは異なる意味内容を付与していることがあります。

◉マネジメントの唯一の道具「言葉」を磨く

「経営管理者は人を操ろうとしてはならない。一人ひとりの仕事について、動機づけし、指導し、組織しなければならない。そのための唯一の道具が、話す言葉であり、書く言葉であり、数字の言葉である」（『現代の経営』）

マネジメントのための唯一の道具が言葉です。貴方はどんな言葉をもっていますか。

「マネジメントとは、何にも増して、ものの考え方である」（『新しい現実』）

「貢献」「成果」「成長」「自己開発」などは、モノではなく、抽象的なコトを示すコンセプトです。ものの考え方ですから明確に意味内容が伝わらなければなりません。

「われわれは情報を、頭を使わずに答えられるようになるまで反復することによって習得する。記憶する。言語を学ぶのはこの方法によってである。（中略）**反復と暗記によって覚えることによってである」**（『断絶の時代』）

記憶することがマネジメントのスタートラインというのは、意外な気がするかもしれません。記憶の次は、コンセプトとコンセプト、たとえば「貢献」と「成果」の関係を自分で説明できるようにすることです。さらに、実際の現場で言葉を使い、習熟し、共通言語化していくことです。

「コンセプト、原則、パターンによってマネジメントすることができ、システムと方法を適用することができるとするならば、誰でもマネジメントのための能力を自ら高めていくことができることになる」（『現代の経営』）

叱《しか》れない上司が増えていると言われています。しかし適切なコンセプトを用いてマネジメントできない上司が増えているということではないでしょうか。

マネジメントとは言葉とその実践です。

日頃どういう言葉を口にしているか。どういうコンセプトを使って世界を観《み》ているか。その量と質が組織の運命を切り拓《ひら》きます。

五〇個ほどの中核的なコンセプトを習得すれば、誰でもマネジメント能力を高められます。マネジメントにおける唯一の道具である言葉を日々の仕事の中で磨きたいものです。

方向づけされ、焦点を合わされ、統合された自由な人の活動のみが、本当の意味での生きた存在を生み出すことができる。

――『現代の経営』(1954)

◉仕事とは「付加価値を高めること」である!

二〇二四年一〇月に最低賃金が大幅に上がり、全国平均時給が一〇五五円となりました。すでに欧米では二〇〇〇円を超えている国や地域がある中、日本政府は、二〇三〇年代半ば(その後、首相交代により二〇二〇年代中には、と目標が変更)には、一五〇〇円を目指す方針を打ち出しています。

加えて日本は、構造的な労働力不足という現実に直面しています。次の一〇年で少なく見ても人件費は、一・五倍になることは間違いありません。どれだけの企業が生き残っていけるのかと、会計事務所を営む私などは頭をかかえてしまいます。

人件費を賄《まかな》う源泉は、企業が生み出す付加価値です。式で表せば、次のようになります。

〈付加価値額＝売上高－外部購入支出〉

自動車メーカーは、鋼板《こうはん》やタイヤ、ガラスなどは外部から調達しています。つまり自社の付加価値ではありません。右の式は、自社で生み出した（付加した）正味《しょうみ》の価値は何かを示しています。

自動車メーカーは何社かありますが業績に差があります。つまり、顧客の評価が異なります。

「付加価値とは、企業自身が最終製品に投入したすべての資源と活動に対する市場の評価を示す」（『現代の経営』）

市場の評価の本質的な差は、たとえば自動車メーカーの場合、デザインの訴求力《そきゅうりょく》、製造現場の改善力、アフターサービスの充実度などの違いによって生み出されます。これらは、現場で働く人の活動の結果であり、汗と知恵の結晶です。

「付加価値は、企業のあらゆる活動のコストと、それらの活動から得られた報酬との差である」（『現代の経営』）

本質的に重要なのは、活動コストではなく活動の良否です。冒頭の言葉は、活動の良否を決定づけるポイントを教えています。

この言葉は、中世の政治学者ジョン・フォーテスキュー卿《きょう》の言葉を引用したものです。

「人々の意思」と呼ばれるものです。

・方向づけされた活動であること
・焦点が合った活動であること
・活動が統合され成果に結びついていること
・自由意思による活動であること

◉顧客・資源・活動を「選択・集中」する効果

「ミッションからスタートしなければいかなる成果もあげられない。ミッションが、あげるべき成果を規定する」（『非営利組織の経営』）

ミッション、つまり目的が成果を決め、活動に方向性を与えます。企業は人の集団ですから、そこに参加する人の自由な意思の力に一定の方向づけを与えなければ、力は拡散し、統合された一つの成果に結びつきません。成果とは、組織の外で生まれる諸々の変化です。

「組織の成果は、一人ひとりの人間の生活、人生、環境、健康、期待、能力の変化という組織の外の世界に表れる。組織がミッションを実現するには、あげるべき成果を明らかにして資源を集中しなければならない」（『経営者に贈る5つの質問』）

資源の集中とは、活動の集中です。どの企業も成果のあがらない活動に資源を投下する余裕はありません。

「成果をあげるための秘訣《ひけつ》を一つだけ挙げるならば、それは集中である」（『経営者の条件』）

活動管理の基本は、その活動をやめるか、始めるか、増やすか、減らすかの四つです。方向づけされ、焦点を定めることで、やめる活動、減らす活動が明確になり、はじめて増やす活動に資源を集中することができます。

「組織が成果をあげるには、活動対象としての顧客を絞らなければならない。『われわれの顧客は誰か？』という質問に答えなければならない。焦点を絞らなければ、エネルギーは放散し、成果はあがらない」（『経営者に贈る5つの質問』）

顧客を絞るということは、事業を絞るということです。人手不足の下では、少ない人員で顧客評価の高い、すなわち付加価値の高い活動を選択する場面が増えてくることでしょう。

企業が生み出す付加価値額に対する人件費の割合を労働分配率といいます。中小企業の多くは、七五％を超え、八〇％台も珍しくありません。つまり、付加価値額の大半は、人件費で占められているのです。

人件費は活動の塊です。付加価値という顧客の評価は、人の活動の良否、つまり仕事の質によって決まるといっても過言ではありません。

◉人件費の質を最大限に高めるポイント

集中する活動を特定したところで次に活動内容の質を上げる取り組みに挑戦します。これからの時代、少ない人員で一人当たりの給料を上げつつ成果をあげていくという大原則が益々《ますます》大切になります。

それは人件費の質を高めることに他なりません。ポイントは三つです。

第一に、仕事の生産性をあげることです。

「**仕事の生産性をあげるうえで必要とされるものと、人が生き生きと働くうえで必要とされるものは違う**」（『マネジメント』）

人の生産性をあげるのではなく、仕事を客観的なものとしてとらえ、仕事を作業に分解し、作業レベルで改善を行うことです。顧客に製品やサービスを届けるために、誰が仕事を行うか以前に、仕事や活動が客観的なものとして設計されているかが問われています。

第二に、一人ひとりが貢献すべきことを問うことです。

「貢献は、すべて共通の目標に向けられなければならない。あらゆる活動が同じ方向に向けられ、あらゆる貢献が隙間なく、摩擦なく、重複なく、大きな全体をつくりあげなければならない」（『マネジメント』）

「貢献」とは、外の世界の成果という利他《りた》的な面に目を向ける能力です。一つの貢献は、次の人に渡され新たな貢献を加え、あたかも陸上競技のリレーのように次々とバトンが渡され、その過程で価値が付加され、諸活動が統合され、一つの成果として結実します。

第三に、成果をあげるために貢献をとおして自己の強みを生かすことです。貢献すべきことが明らかになってはじめて、どのように自分を生かせばよいかがわかるからです。

「組織に対する自らの貢献を問うことは、（中略）いかなる強みを仕事に適用するか（中略）を考えることである」（『経営者の条件』）

貢献を問うこと、強みを生かすことは、一人ひとりの心の姿勢によって決まります。心を高めることは、活動の質に直結します。

ドラッカーは、「仕事は人格の延長である」といいます。仕事に精励し、付加価値を高めることと、心を高め人格を磨くことを両立したいものです。

第三章

日々、心が磨かれ、人格が高まる仕事学

知識は、本の中にはない。本の中にあるものは情報である。知識とはそれらの情報を仕事や成果に結びつける能力である。

――『創造する経営者』(1964)

◉読書――優れた人物と出会い、人生の教訓を得る法

「暇な時には何をしているのですか」と問われ、晩年のドラッカーは答えています。

「**暇な時なんていうものは存在しないのだよ。私の場合、仕事をしていなければたくさん本を読む**」(『ドラッカー20世紀を生きて』)

ドラッカーの一八〜四〇歳までの回顧録『人生を変えた七つの経験』を読めば、どうやって人生の教訓を得て、人生を切り拓《ひら》く糧《かて》にしていったかを知ることができます(『プロ

フェッショナルの条件』に掲載）。これらの教訓の源泉は、人物と言葉との出会いに尽きるといってもよいでしょう。

たとえば一八歳のドラッカーは、オペラ「ファルスタッフ」の鑑賞をとおして作曲家ヴェルディの生き方に触れています。また、紀元前五世紀ごろの彫刻家フェイディアスの言葉、「神々が見ている」に出会い感激し、完全は手にできるものではないが、誰も見ていなくても常に完全を目指す姿勢で生きるという一生の教訓を得ました（詳細は、『ドラッカーに学ぶ人間学』9話及び29話参照）。

ドラッカーは、本などから得た言葉を媒介に人物から学んだといえましょう。そのような形で学ぶ姿勢を「私淑《ししゅく》」といいます。

碩学《せきがく》・安岡正篤《まさひろ》先生は、「どうすれば人物を養えるか」について、二つの秘訣《ひけつ》を挙げました。

「第一に人物に学ぶこと」を挙げ、「優れた人物の魂を伝え、面目躍如《めんもくやくじょ》とさせておるような書物」を得て、その人物に「私淑」することを根本的、絶対条件として教示しました。

「何にしびれるかによって、その人は決まる。中江藤樹《とうじゅ》は『論語』と王陽明《おうようめい》にしびれていた。人間は本物にしびれなければならない」

安岡先生の言葉は、私淑する人物に出会う要諦《ようてい》を示しています。

◉本の「情報」は「知識」に転換して、仕事に活かす

「論語読みの論語知らず」という言葉があるように、知っていること（情報）とできること（知識）の間には、天と地ほどの差があります。情報を教訓に変え、実践することではじめて人生に活かせる知識になるのです。

知識社会に生きる私たちにとって情報を知識に転換するという力は欠かせません。

「平凡なようでも、実践することだけならば、適性も、個性も、姿勢も関係なしに行うことができる。才能は必要ない。単に実行するだけである。口先ではなく行動があればよい。実践としての組織の精神があるならば、リーダーシップを発現させ、確認し、機能させることはできる」（『マネジメント』）

実践の場として組織は優れた存在です。組織は、自己中心的では生き残っていけません。世のため、人のために存在するゆえ課題の宝庫です。そして課題解決には、行動が不可欠です。

安岡先生の人物学を修める第二の秘訣もまさにそこにあります。

「人物学に伴う実践、即ち人物修練の根本的条件は怯《お》めず臆せず、勇敢に、而《しこう》して己を空《むな》

しうして、あらゆる人生の経験を嘗《な》め尽すことであります。人生の辛苦艱難《しんくかんなん》、喜怒哀楽、利害得失、栄枯盛衰、そういう人生の事実、生活を勇敢に体験することです。その体験の中にその信念を生かして行って、初めて吾々《われわれ》に知行合一《ちこうごういつ》的に自己人物を練ることが出来るのであります」

働くことは、まさに辛苦艱難、喜怒哀楽、利害得失、栄枯盛衰を体験する機会そのものです。現代では最も優れた人物修養の場といえましょう。ドラッカーはそれを挑戦と表現しました。

「私たちが直面している挑戦は、知識を再び人格形成のためのものにすることです。道具としての知識を超えることです」（『挑戦の時』）

◉ドラッカーが「歴史と古典」を精読していた理由

ドラッカーの書斎は、歴史の本が多かったといいます。なぜか。

「私は社会を理解するために歴史を学んできた」

「私が目指してきたことは、現在を理解し、そこから未来を見ることである。そのために過去を知ることである。なぜなら、国にせよ、企業や大学などの組織にせよ、自らの過去

を未来に向けて活かしてこそ、成功への道を進むことができるからである」（以上、『歴史の哲学』）

「夫はものを見るにあたり、動くものを避けていた」「無思慮な情報の摂取は人を精神的な肥満と怠惰に導く」と夫（ドラッカー）とともに日本画を蒐集《しゅうしゅう》した妻のドリスはいいます。

たとえばドラッカーは、日本画（水墨画）を用いて、知覚の能力を高めました。また、シェークスピアの全集をゆっくりと注意深く読み直し、人間の喜怒哀楽、利害得失などを見つめました。歴史や古典は、不動点づくりとして優れています。

「古典と歴史と人物の研究、これを徹底しなければ人間の見識というものは磨かれない」

安岡先生の言葉です。見識とは、知識を理想に照らして物事を判断する基準になっている段階です。胆識とは、困難な状況に立ち向かう実践的勇気が見識に加わった段階です。

知識に変えるべき情報とは何か。人格の陶冶《とうや》に活かすべき知識は何か。古今東西の歴史から学び、明治維新を高く評価した二人の巨人から、未来に向けて日本人が活かすべき潜在している美質に耳を傾けたいものです。

「日本は、外国からの影響を自らの経験の一部にしてしまう。外国の影響のなかから、日本の価値観・信条・伝統・目的・関係を強化するものだけを抽出する。その結果は混合で

はない、（中略）一体化である」（『すでに起こった未来』）

ドラッカーは、抽出能力を知覚力にあるといい、安岡先生は、これを感激と表現します。

「日本人は（中略）、常に何か偉大なものに触れて、その感激の前に自己を投出すことを以《もっ》て最も生甲斐《いきがい》を感ずる」「偉大なるものに参るから感激の前に自らを省みて、よく恥じ、よく慎む、だから礼節というものに豊かな筈《はず》です」

たとえば儒教や仏教に感激し、これを日本的に一体化してきました。西洋文明も同様に一体化し、西洋文明を日本化しました。

一体化すべき偉大な対象は稀《まれ》なるものです。その対象が今眼前にないことを以て悲観することはありません。今は、偉大なるものの出現に備え古典と歴史と人物から学び、根を深め、知覚能力を磨くときです。

「知識は絶えず磨かれ鍛えられ、そして育まなければならない。怠れば衰退あるのみ」（『ドラッカーの講義』）

仕事とは人格の延長である。それは自己実現の源である。

――『マネジメント』（1973）

◉「仕事とは、なされるべきものである」という至言

「**仕事は重荷となる一方において、必要ともなる。辛苦《しんく》となる一方において、祝福ともなる**」（『マネジメント』）

仕事を行うこと、つまり働くことは生きていくための糧《かて》を得る手段ですが、それだけの存在ではありません。働くことは、太古の昔から、集団に属して仲間を得て、生き延びるために必要な手段でもありました。

人類は、狩猟や農耕が主要な仕事であった長い時代を経て、多くの人が組織で働くときを迎えました。組織社会の到来です。

「**仕事とは客観的なものである。なされるべきものである。そこにあるものである。した**

がって、仕事には物に対するアプローチをそのまま適用できる。そこには論理がある。それは、分析、統合、管理の対象となる」（『マネジメント』）

仕事は、やりたいことでも、できることでもありません。顧客に満足をとどけるために論理的に考えられ、なされるべきものです。一方で働く人の個性は、一人ひとり異なります。それゆえ仕事にその人の人格の一端が現れます。

たとえばドラッカーは、「**あなたの本のなかで最高のものはどれか**」とよく聞かれ、「**次の作品です**（**中略**）**これまでのどの本よりも優れたもの、重要なもの、完全に近いものにしたいと思っている**」と本気で答えています。

常に高みを目指すという姿勢が滲《にじ》み出た一言です。実際に、生涯四〇冊近く出された著作の三分の二は六〇歳以降の作品であり、九〇歳を過ぎてなお書き続けました。

人格は仕事に現れますが、人格は仕事によって磨かれるともいえます。先に述べたように仕事とは「なされるべきこと」です。それゆえ期待されるレベルに達しない仕事、顧客からのクレームとなってしまった仕事、期日までに間に合わなかった仕事など辛苦の連続です。

仕事とは、「なされるべきこと」に「できること」を重ね、その重なりを懸命に増やしていくことだといえます。数々の失敗を糧に次に挑戦する姿勢が人を成長へと導きます。

◉巨人・ドラッカーの原点だった、作曲家ヴェルディの一言

「**いつも失敗してきた。だから、もう一度挑戦する必要があった**」――前の14話でも触れた、一八歳の青年ドラッカーが出会った偉大な作曲家ヴェルディの言葉です。ドラッカーはこの言葉にしたがって巨人にまで成長しました。

苦楽一対、辛苦が祝福に変わるのが仕事の醍醐《だいご》味《み》です。そのような対象である仕事は、人生における賜物《たまもの》です。

ドラッカーと同時代に生きた哲人、森信三先生の言葉が仕事と働くことの要諦《ようてい》を教えてくれます。

「『味噌《みそ》の味噌臭きは上味噌にあらず』――これは主観の強く現われる非をさとしたものであり、貴きは主観と客観との一致した境である」

味噌（その人）の本性が出ていながら味噌（その人）臭さがない境地という意味です。

仕事は顧客に満足をもたらすためにあります。仕事は、論理的、客観的な対象です。このような性質をもつ仕事を個性の異なる人間が行います。自ずと仕事や作業の出来栄えは異なります。

「ありがとうございました」の一言にもその違いは現れます。

仕事という客観的なもの（客体）と働く者（主体）が一体となり、和合することを森先生は求めています。仕事は「なされるべきこと」です。自分の主観を抑え、客観的に求められていることに合わせることです。その先に一つの境地が見えてくるのです。

森先生は、孔子の言葉「心の欲するところに従って矩《のり》を踰《こ》えず」を紹介し、これを理想の姿としました。

この言葉は、孔子が十五にして学に志し、三十にして立ち、四十にして惑わず。五十にして天命を知り、六十にして耳したがい……に続く七十歳における理想的境地、「自分の思いのままに行動しても、決して道を踏み外すことがなくなった」を示したものです。

このような境地には、容易に達するものではありません。しかし若い頃に幾多の失敗を重ね、惑いながらもたどり着くその先に、一つの理想的な道があると信じて、日々妥協することなく仕事に打ち込むところに尊い価値があるのではないでしょうか。

◉「生きがいのある人生の生き方」を知る

「社会的な目的を達成するための手段としての組織の発明は、人類の歴史にとって一万年

前の労働の分化に匹敵する重要さをもつ。組織の基盤となる原理は、（中略）『私的な強みは公益となる』である」（『マネジメント』）

仕事の供給源である組織は、社会的な目的を達成するために約二五〇年前に発明されました。では、「社会的な目的」とは何か。

ドラッカーは、「自由で機能する社会」といいました。言葉を換えると「自由で幸福な社会」です。

そのためには、第一に自らの強みを社会のために生かすことです。第二に経営者やマネジャーは、この強みを公益、すなわち世のために結びつけることです。

「われわれのミッションは何か」との問いは、この公益性の宣言にほかなりません。組織の社会的な目的の達成とは、具体的には、魅力的な製品やサービスを提供することで人に喜ばれることです。

冒頭の言葉にあるように仕事とは、自己実現の源です。自らの強みをどこまでも伸ばし、一隅《いちぐう》を照らし、世の中の役に立つことです。それが、人類が発明した組織という道具を用いて働く意味です。

森先生の次の言葉は、その意味をいっそう深く私たちに教えています。

「この世において何が一体幸せな生活か、それを一口でいってみますと、それは生きがいのある人生を送ることだといえます。では『生きがいのある人生の生き方』とはどういうものかと考えますと、（一）自分の天分をできるだけ十分に発揮し実現すること。（二）今一つは、人のために尽くすこと」

組織はそのための道具です。道具に使われることなく、自己実現のために使いこなすことです。

日々の仕事は辛苦の連続ですが、森先生の次の言葉を念頭に掲げ、いつかたどり着く理想の境地に思いを馳《は》せつつ今日の仕事に励みたいものです。祝福は、日々の中に見出されることでしょう。

「わが身上に起こる一切の事柄は、そのすべてが、このわたくしにとっては絶対必然であるとともに、また実に絶対最善なのであります」

目標は絶対のものではない。方向づけである。（中略）未来をつくるために、資源とエネルギーを動員するためのものである。

——『マネジメント』（1973）

◉最も大事なことは、顧客満足を高めること

私たちは、目標という道具の使い方を間違っていないだろうか。目標は、絶対の到達地点を示すためではなく、未来をつくるために資源とエネルギーを動員する方向づけの道具であるとドラッカーはいいます。

「管理のための測定を行うとき、測定される対象も測定する者も変化する。測定の対象は新たな意味と新たな価値を賦与《ふよ》される。したがって管理に関わる根本の問題は、いかに管

理するかではなく何を測定するかにある」（『マネジメント』）

人は測る対象に意識を向けるという法則があります。単に測る対象を変えるだけで管理的な行為を特にせずとも意識が変わり、エネルギーの集まる方向が変わるということです。

さらに、もう一つの法則があります。人の意識は、知覚をとおして動機づけられて、はじめて行動として実現するという法則です。

「管理手段を用いた方向づけは、一人ひとりの人間の動機づけにつながらなければならない。方向づけのシステムは機械的なシステムではなく、人間の意思に関わるシステムである。（中略）しかし、管理手段によって得られた情報が行動につながるには、その情報が別の種類の情報、つまり知覚に翻訳されなければならない」（『マネジメント』）

知覚できる目標を定めてはじめて行動に結びつくということです。実は、ドラッカーの著作の中に売上目標や利益目標という言葉はありません。なぜか。これらの目標では、知覚センサーは起動せず、行動も起こらないからです。

売上高や利益を目標にしてもどのような行動を増やせばそこに到達するのか、直接的には理解できません。結果として、行動がその人任せとなり、方向づけに失敗します。

売上高や利益をあげることが最優先であると現場で働く人が誤解すれば、時に不正を犯したり、顧客を欺《あざむ》いたりしてまでも利益をあげるなどという間違った行動が起こっても不思議ではありません。最も大事なことは、顧客価値（満足）を高めることです。では何を測ればよいのでしょうか。

◉利益は「目的」でも「目標」でもない。「条件」である

「おまあ」指標という聞きなれない指標を、ある飲食店の経営者が開発しました。

「お」…「おいしかった」
「ま」…「また来るよ」
「あ」…「ありがとう」

顧客と直に接するホールのスタッフが、顧客の発する言葉をひろい、集計するのです。「また来るよ」といってもらうために、何をすればいいのか。知覚的な指標であり、方向づけられているためホールスタッフだけでなく、厨房《ちゅうぼう》や企画担当者もどうすればよいか考え、行動することができます。測定する対象に意識を向けるという法則にかなっています。

では、どのような分野で方向づけをしていけばいいのでしょうか。ドラッカーは、次の八つの分野を示しました。

①マーケティング
②イノベーション
③人的資源
④資金
⑤物的資源
⑥生産性
⑦社会的責任
⑧条件としての利益
「条件としての利益」というコンセプトは次の言葉に由来しています。

「**利益は、個々の企業にとっても、社会にとっても必要である。しかし、それは、企業や企業活動にとって、目的ではなく条件である**」（『マネジメント』）

利益は、目的でも通常の目標でもないのです。条件は目標よりも重い基準です。それは、社会の道具として組織が機能し続けるために利益という燃料が欠かせないことを意味します。この条件（⑧）を満たすために、他分野の目標設定（①〜⑦）が重要になります。

「おまあ」指標は、①マーケティングの目標として機能します。①マーケティングも②イノベーションも顧客価値を向上させる手段です。③〜⑤は、そのための資源の調達目標であり、⑥生産性はその資源の使い方を示す指標です。
⑦はＳＤＧｓ《エスディージーズ》のような社会課題の解決の観点から立てる目標です。
複数の目標をクリアして、はじめて⑧条件としての利益が得られるという、少し遠回りに感じるプロセスを経なければなりません。

◉自分に多くを求める人は、同じ努力で巨人に成長する

次は、組織やチームの目標と個人の目標の関係について考えてみます。
「人（中略）というものは、自らが自らに課す要求に応じて成長する。自らが成果や業績とみなすものに従って成長する。自らに少ししか求めなければ成長しない。多くを求めるならば何も達成しない者と同じ努力で巨人に成長する」（『経営者の条件』）
これから述べる内容は、個人に対するノルマのようなものとは本質的に異なる自己目標管理についてです。しかしそれは、うまく機能していないと嘆《なげ》いています。
「自己目標管理を採用している組織は多い。しかし、真の自己管理を伴う自己目標管理を実現しているところは少ない」（『マネジメント』、以下同書）
目標管理に自己という言葉がついているのは、自己成長を目的とした自分のための目標

管理という意味です。

「自己管理が強い動機づけをもたらす。適当にこなすのではなく、最善を尽くす願望を起こさせる。目標を上げさせ、視野を広げさせる」

誰かに動機づけられるのではなく、自分で自分を動機づける――これが基本です。そのために目標を自己設定することが必要です。

「目標は、自らの属する部門への貢献によって規定しなければならない」

目標は、仕事で自分に期待されている貢献すべきことを起点に定めます。仕事は困難の連続ですが、自分を成長させる機会です。

「自らの仕事ぶりを管理するには、（中略）目標に照らして、自らの仕事ぶりと成果を評価できなければならない」

目標の自己設定だけでなく、自己成長を目的として自分で振り返ることです。つまり自己評価が基本となります。これが自己管理を伴う自己目標管理の真の姿です。

哲人経営者・稲盛和夫氏の言葉もエネルギーの集中という目標の真の意味を確認させてくれます。

「自ら高い目標を設定すれば、そこに向かってエネルギーを集中させることができ、それが成功の鍵となる」

人間の発展は、まず最初に仕事のなかで、仕事を通じて行なわれる。

――『ドラッカー経営哲学』（1959）

◉「仕事で培われたもの」こそ、その人の武器になる

「この床は松だな」――家具製作、店舗プロデュースを仕事にする知人の言葉です。その知人と古い建物を何棟か見て回っているときの体験です。

「この梁《はり》は杉」など次々に教えてくれますが、「木」としてしか目の前のモノを知覚できず、無知な己の存在を強く意識するしかありませんでした。人は、同じモノを見ていても経験の違いによって異なる現実を見ているのです。

私とその知人とのモノの見方の違いは、まさに仕事を通して培われた経験の差で生じていました。自生する松や杉を見れば識別できますが、建材としての松や杉を見た経験が私

にはなかったのです。

モノの差異を認識する力は、たとえば、ワインのソムリエが味の差異を識別し、表現する力などに典型的に現れています。

ドラッカーは「仕事は客観的な存在」であるといいます。仕事は自分という存在の外に在るものです。事業の一部を構成し、顧客に満足を届けるために仕事はあります。客観的な存在は基本的に分析可能です。たとえば、仕事は作業に分解することができます。

同じ仕事をしている複数人に、一つの仕事をいくつの作業で出来ているかを書き出してもらうと、ある人は七つといい、ある人は一二といいます。差異を認識する力が異なるからです。

「依頼をうけた仕事、要求されたもの、他人から受ける管理、職務上で出会う好機とか危機とかいったものが、人を発展させる」と冒頭の言葉は続きます。いずれも仕事の外部性を示す言葉です。

仕事の本質は、自分の意志とは切り離されたところに存在する顧客のために「なすべきこと」です。一方、人間の発展は内面の問題です。つまり、仕事に取り組む己の姿勢が問われているのです。

◉マネジメントという実学で環境に変化を起こす

「事物と自己とが一つになることによって、対象はすなわち自己になる。（中略）そうすると、どんどん物事が解決していく」（『安岡正篤一日一言』）

自己の外側にあった事物が、仕事を通して内面に取り込まれ、一つになるということは、自分の外側にあるものに日々真剣に向き合うことによって人の内面が変化し、成長・発展するということです。仕事はその最前線であり、人の成長・発展の機会です。

考えてみれば、マネジメントで扱う組織、事業、成果、仕事などの言葉はすべて自分という存在の外に在り、しかも目に見えない「コト」に関するものです。たとえば「成果」を見せてくださいと言われても困ります。そこで定義です。

「**組織の成果は、一人ひとりの人間の生活、人生、環境、健康、期待、能力の変化という組織の外の世界に表れる**」（『経営者に贈る5つの質問』）

ドラッカーは、成果の本質を売上や利益を上げることではなく、外の世界に変化を起こすこと、すなわち顧客に良い影響をもたらすことであるととらえています。

このような言葉の意味を自己の内面に取り込んだ者は、たとえば「顧客がわれわれに期待していることは何か」と考えられるようになるかもしれません。

「成果」という言葉の意味が自分の中で変わることで、内面に変化が生じ、思考が変わり、それを行動に結びつけたとき、人間は一つの発展を遂げます。

ドラッカーは「**マネジメントとは実践である**」といいます。

マネジメントは、学校で学ぶような教科・学問ではありません。実践をとおして言葉の意味を体得し、それを道具として自分の環境を変えていく実学です。安岡正篤先生もまたそのことを強調します。

「学問というものは現実から遊離《ゆうり》したものは駄目であって、どうしても自分の身につけて、足が地を離れぬように、その学問、その思想をもって自分の性格を作り、これを自分の環境に及ぼしてゆくという実践性がなければ活学ではない」

そのためには「事業」「成果」などの基本的な言葉の本質的な意味を、仕事をとおして体得することです。

◉「事業＝知識＋価値＋プロセス」と考える

「経営は、実行のための、鋭い頭脳の使用法なのである」（『経営の適格者』）

鋭く頭脳を使用するには、形のないコトを相手に考えさせるポイントを言葉でもつことです。

たとえば、ドラッカーは、「われわれの事業は何か」と問います。しかし「事業とは何か」を知らずしてこの重要な問いに答えることはできません。

「事業とは、市場において知識という資源を経済価値に転換するプロセスである」（『創造する経営者』）

ドラッカーはこのように本来見えないコトの本質を「見える化」し、示してくれます。

ドラッカーの言葉を借りて事業を可視化すれば、「知識」「価値」「プロセス」という三つのポイントが得られます。これを用いるとたとえば、「われわれは、どのようなプロセスで事業を行っているのか」という視点から考えるきっかけを与えられ、思考の幅が広がります。

今や事業を考え、成果を問うことは、そこで働くすべての人に必要なことです。

「自らをマネジメントするということは、一つの革命である。（中略）**あたかも組織のトップであるかのように考え、行動することを要求する」**（『明日を支配するもの』）

「仕事とは人格の延長である。それは自己実現の源である」とドラッカーがいうように、組織のためというよりも、自分が革命的に成長・発展するために必要です。

自分の外側に在る仕事を貢献という形で、人生の経験として内面に取り込み、強みや時間など自分がもっているものを上手に使って実現していくことです。さらに貢献をとおして、自らの強みを磨き、集中して仕事に取り組むことで、まだ見ぬ成長・発展した自分と出会うことです。

ドラッカーは、これらの習慣的な能力を「成果をあげる能力」と呼びます（詳細は、拙著『ドラッカーに学ぶ人間学』26話参照）。

自己の成長・発展の秘訣《ひけつ》が次の言葉に込められています。

「**成果をあげる能力によってのみ、現代社会は二つのニーズ、すなわち個人からの貢献を得るという組織のニーズと、自らの目的の達成のための道具として組織を使うという個人のニーズを調和させることができる**」（『経営者の条件』）

仕事は、自社の事業の一隅《いちぐう》を担う自分だけの舞台です。そこでの艱難辛苦《かんなんしんく》、喜怒哀楽、利害得失の経験が人生の根を深め、人格を錬磨する。そんな日々を送りたいものです。

組織社会において、人は自らの組織を自らの目的、価値、欲求に役立たせるために体系的な情報を必要とする。彼らもまた、先祖が耕作について学んだように、組織について学ばなければならない。

――『断絶の時代』（1969）

◉マネジメントで「組織という道具」の使い方を学ぶ

私たちは、組織についてこれまで学ぶ機会があったでしょうか。

一六〇〇年前の日本は江戸時代、人口の八〇％以上を農民が占めていました。親から子へと代々耕作に関する知識や能力は受け継がれ、社会を支えていました。

「あの頃、企業は、たとえ注意を払われたとしても、新奇で例外的な存在だった」（『企業とは何か』）とドラッカーが書いたように、第二次世界大戦が終わった頃も、企業そのものが珍《めずら》しく、人々はまだその実態をよく知りませんでした。

その後、二〇年を経ずして一九六〇年頃には日本の労働人口の過半数が組織で働くようになり、組織社会と呼ばれる社会で生きるようになりました。主要な生産の場は、農地から組織という場に移っていったのです。

ドラッカーは、新しい生産の場に必要な「体系的な情報」を提供するため『現代の経営』（一九五四）を世に送り出しました。その情報がマネジメントです。

耕作に関わる知識や能力を身につけることなく農業社会は成立しませんでした。果たして現代に生きる私たちは、マネジメントという知識や能力を身につけているでしょうか。

家庭や学校で組織について教えてもらうことはありませんでした。しかも、社会に出て組織に属しても、組織について学ぶ機会はほとんどありません。

その結果、マネジメントは組織の経営層が行うものであるという誤解が常識となっています。

冒頭の文章に「**人は自らの組織を自らの目的、価値、欲求に役立たせるために**」とあるように、組織を道具として使う人は組織に属している人すべてを指します。

なぜこのような誤解が生まれるのでしょうか。

「私は、もともと企業とそのマネジメントへの関心からスタートしたのではなかった」（『現代の経営』）

ドラッカーの関心は、企業がうまくいくかどうかという点ではなく、幸せな社会の継続にありました。そのために新しい生産の場である企業（組織）はいかにあるべきか、社会と個人のためにどうあるべきかを観察し、書き続けたのです。

◉「われわれのミッションは何か?」をあえて問う効果

マネジメントを学ぶためには、組織という道具を見るための三つの視点が不可欠です。

①自らの顧客のために成果を生み出す「経済的な機関」
②生き生きと働き、生産的な存在とするための「社会的な機関」
③社会とコミュニティに根ざすがゆえの「公的な機関」

「組織は存在することが目的ではない。（**中略**）**外の環境に対する貢献が目的である」**（『経営者の条件』）

この言葉は、①に関するものです。組織が存在する目的は、顧客に価値をもたらし貢献することです。この点に関して多くの人が企業の目的は、利益をあげることであると誤解しています。

「利益は、企業や事業の目的ではない条件なのである」（『現代の経営』）

利益を目的にマネジメントすることは、組織としての道具の機能を傷つけます。目的と条件の混同は、時に顧客にもたらされる価値・満足よりも組織の利益を優先するという間違った判断に人を導きます。

果たしてこのような基本的な情報を誰が教えてくれるでしょうか。また、組織で働いている人は、このような重要な情報を手にしたいと思っているでしょうか。

「従業員の目に企業の目的が利益の追求と映るかぎり、自らの利益と企業の利益の間に対立を確信せざるをえない」（『現代の経営』）

このようなことが起こらないように必要な体系的な情報とは何か、と自問しなければなりません。最も重要な情報は、組織の目的に関わるものです。そもそもすべての道具は、目的なしには機能しないものだからです。

それゆえドラッカーは問います。

「われわれのミッションは何か」——

目的なしに働くことほど辛《つら》いことはありません。さらに、その目的を実現する手段である事業を問います。**「われわれの事業は何か」**、つまり、どんな価値をどんな顧客に届けるために働いているのか。仕事は人のために行うものです。何のために働くかを示さずして、やりがいやモチベーションはありません。

◉平凡な人も、マネジメントで非凡な成果が出せる

「いまから一〇年後には、一人ひとりの人間を組織のニーズに応えさせるためのものとしてのマネジメント教育よりも、組織を一人ひとりのニーズ、願望、可能性に応えさせるためのものとしてのマネジメント開発への関心のほうが大きくなっているかもしれない」（『マネジメント』）

マネジメント教育とは、現在多くの企業が行っているマネジャーを育成するような教育です。これに対して、ドラッカーは、組織に属する一人ひとりが自分の願望を実現するための能力開発に目を向けています。

「個人の価値と願望を組織のエネルギーと成果に転換させることこそ、マネジメントの仕事である」（『マネジメント』）

人が自分のために組織を使う。では、そのために絶対的に必要な体系的な情報とは何でしょうか。

「社会的な目的を達成するための手段としての組織の発明は、人類の歴史にとって一万年前の労働の分化に匹敵する重要さをもつ。組織の基盤となる原理は、（中略）『私的な強みは公益となる』である」（『マネジメント』）

強みと公益、この言葉は前記①〜③を結ぶものです。基本は、自分の強みを発見し、磨き、世の中のために役立てることです。「自分のもっているものは何か」と問い、得られる情報が最も重要です。人はもっているものでしか貢献することができないからです。

〈人生・仕事の結果＝考え方×熱意×能力〉

「この方程式は、平均的な能力しか持たない人間が、偉大なことをなしうる方法はないだろうか、という問いに、私が自らの体験を通じて答えるものである」――「私」とは哲人経営者・稲盛和夫氏です。

平凡な人に非凡な成果をあげさせようとしたドラッカーの考えと通底するものがあります。

マネジメントという「体系的な情報」は、組織社会を生きるための「考え方」です。すべては自分の選択の問題であることを稲盛氏の言葉は教えています。

「素晴らしい考え方、素晴らしい哲学を持つか持たないかで、人生は大きく変わってくる」

日本では（中略）学習は精神的な完成と自己啓発への行為であって、技能習得のためだけの行為ではない。それは、人間を変えるためのものであって、単に仕事の能力を得るためのものではない。

――『すでに起こった未来』（1993）

◉昨日と同じ時間の使い方では、未来は変わらない

勉強しない日本人の姿を映し出す、二つの調査結果があります。

「日本人の一日の平均的な学習時間一三分」（一〇歳以上で学業や企業内研修を含まない――総務省社会生活基本調査）。

「就業者全体の約五六％が業務外の学習時間無し」（パーソナル総合研究所調べ）。

「仕事やプライベートで忙しい」「スマホを見てしまい無駄な時間が多い」など、時間を確保できない理由をあげるときりがありませんが、一日の時間は二四時間と平等です。人によって勉強に充《あ》てる時間が異なるのは、その人の優先順位の与え方の違いによるものです。

「**優先順位の決定には、いくつか重要な原則がある。**（中略）**第一に、過去ではなく未来を選ぶ。第二に、問題ではなく機会に焦点を合わせる。第三に、横並びではなく独自性をもつ。第四に、無難で容易なものではなく変革をもたらすものを選ぶ**」（『経営者の条件』）

昨日と同じ時間の使い方をしている限り、未来は変わりません。未来を変えるためには、自分を生かす機会に目を向け、強みや仕事の仕方など自分がもっているものを磨いてより独自な存在へと自分を導くことです。

多くの人がまったく勉強していない現状であれば、頭一つ抜け出すことは難くありません。

「**知識社会においては、継続学習の方法を身につけておかなければならない。内容そのものよりも継続学習の能力や意欲のほうが大切である。**（中略）**学習の習慣が不可欠である**」（『ポスト資本主義社会』）

知識社会とは、知識が中心的な生産要素になった社会という意味です。農業社会では、土地と肉体労働を行う人が中心的な生産要素でした。そこでは長く働くか、激しく働くことが求められました。

知識社会における仕事は、量よりも質が求められます。平凡な一〇の企画書よりも優れた一つの企画書が求められる社会です。

そのためには、知識という中心的な生産要素の蓄積が欠かせません。私たちは、学びが人生を豊かなものにする社会に生きているのです。

◉技能に磨きをかけて「精神的な完成」を目指す

「西洋や中国では、次の職業の準備として、あるいは昇進のために、あるいは新しいことに挑戦するために学習する」（『すでに起こった未来』）
日本においても、技能習得をこのような目的をもって行う人も多いことでしょう。それがすべてではないかと思う向きがあるかもしれませんが、日本人は違うのです。
冒頭に掲げた言葉は、日本人がもつ一つの特別な能力を指摘しています。つまり、学習には、訓練など技能習得を目的とすることに加え、精神的な完成や自己啓発を目指す側面があり、二つの側面を表裏一体として行います。
ドラッカーは、「人間国宝」という制度を自著で紹介し、彼らには、技能を磨き、腕をあげるための一定期間の後に直面する停滞の壁は存在しないというのです。つまり西洋流の習熟曲線の中にある技能向上が停滞する高原状態（プラトー）を受け入れず、さらに技能に磨きをかけるのです。無駄とも思える行動の先にあるものは何か。

西洋化される以前の日本にその秘密が隠されています。

一例として宮本武蔵の『五輪書《ごりんのしょ》』を少し紐《ひも》解《と》いてみます。

「千日の稽古《けいこ》を鍛とし、万日の稽古を練とす」（水之巻）

生涯に六〇余度の真剣勝負を行い、一度も負けることがなかったというその秘訣《ひけつ》を兵法という形で体系的に情報として書き記した書が『五輪書』です。

万日といえば三〇年に近い年月になります。しかも江戸時代という平和な時代に剣聖武蔵は、なぜ「朝鍛夕錬《ちょうたんせきれん》」、稽古に稽古を重ねたのでしょうか。ドラッカーが指摘したように技だけではなく、人格を練っていたからにほかなりません。

「心意二つの心をみがき、観見二つの眼をとぎ、少しもくもりなく、まよひの雲の晴れたる所こそ、実の空としるべき也」（空之巻）

「空」は、「道理を得ては、道理をはなれ」とあるように自在の境地を示しています。道理は一道を修めるための理《ことわり》、法則です。

「観の目は強く見の目は弱く」といい、心を磨き、心の眼で観る鍛錬を積んでいたのです。

◉日本人が培ってきた「求道という考え方」を生かす

人間国宝や剣聖武蔵と聞けば、私には関係ないと思うかもしれません。しかし、普通に働くビジネスマンの中にも、綿花や木工機械の優れた専門家も同じであるとドラッカーはいいます。

これらの名もなき「私」は、「ずっと綿花や木工機械を担当して、毎年、着実に実力をつけていく」のです。仕事の中に道を見つけた人々です。

『五輪書』にも「大工の道」を説いて兵法も同じであることを説くくだりがあります。それればかりではありません。士・農・工・商の道があり、どの道も原理は同じであることを教えています。つまり万民が道理にしたがって生きることの大切さを教えています。

求道《ぐどう》という考え方は鎌倉時代の仏教に由来しているといわれています。この時代、仏教が庶民に普及するにつれ、日常の職業生活の場における実践が宗教的救済を達成するとの教えが広まりました。道を究めるという日本の文化は七〇〇～八〇〇年の歴史があるのです。

しかし、人格の陶冶《とうや》という継続学習の中に秘められた日本人が古くからもっている能力は、果たして現代社会で生かされているでしょうか。

不確実に見える将来を前に、明日を見据えてあるべき自分の姿を追求することよりも、自分らしく今を生きることを志向する若者が増えているといわれています。またZ世代を中心にタイパ（タイムパフォーマンス）という言葉が注目されていますが、この世代には、下積みという学習機会はタイパの悪い行為に映るようです。

誰しも短期間で技能を習得したいと願います。しかし精神的な完成への道を歩むためには、成熟のための時間は不可欠なのではないでしょうか。

現代の覚者《かくしゃ》、詩人の坂村真民《しんみん》先生は、「一に求道　二に求道　三に求道　四に求道　死ぬまで求道」という詩を残しています。最後に坂村先生の言葉を味読し、日本人が何百年も培ってきた能力を生かす機会としたいものです。

「花は一瞬にして咲かない。大木も一瞬にして大きくはならない。一日一夜の積み重ねの上に、その栄光を示すのである。私はそういうタイプのものが好きである。宗教家には一瞬にして開眼し開悟し回心する人がある。そういう行き方を強調賛美する。わたしはそういうタイプや信仰を好まない。これはわたしが鈍物鈍才だからであろう。何れにしても東洋では努力精進を尊ぶ。東洋の諸芸は小さい時からたたきあげた技や芸の心というものを大切にする。苦労に苦労を重ねた挙句達したその人独自の世界を賛美する。私はそれが本ものではなかろうかと思う。一瞬にして変わったものは、また一瞬にして変化する」

スローンやウィルソンは、正しい問いは何かを考え続ける革新的な人物だった。

――『企業とは何か』（1946）

◉「正しい答え」は「正しい問い」からのみ得られる

世界でシリーズ一〇〇〇万部を超える著作『ビジョナリーカンパニー』の著者の一人、ジム・コリンズは、ドラッカーの教え子の一人です。最初の著作を書き上げたときの書名候補は一〇〇を超えていたといいます。困りに困って「すべてはドラッカーの言うとおりにしようか」と提案したといいます。

企業が生存していくための原則を膨大な時間をかけて調べたが、結局、ドラッカーが説く原則どおりだったというのです。

そのジム・コリンズがドラッカーのアプローチの仕方に注目し、次の四点を挙げました。

①外の世界を見る
②成果を中心に置く
③質問をする
④個を大切にする

今回は、これら四つのうち、③質問をするに焦点を当てますが、後述するように他のアプローチも質問の形で実効性を高めています。

冒頭の言葉にあるように質問に関して、模範とすべき人物が二人いました。彼らは、ドラッカーが企業を初めて内部から調査したGM（ゼネラルモーターズ）のCEOです。彼らから、問いには「正しい問い」と「そうでない問い」があることを学びました。実際、ドラッカーの教えのすべてが質問によるものだったと、ドラッカーの教え子たちにインタビューし自伝を著したエリザベス・ハース・イーダスハイム博士が記しています。

ドラッカーが用いた質問という方法で多くの人が人生の花を咲かせ、実を結んでいきました。教え自体が質問だということは、教えをどのように考え、何を実行するのかを自問するということです。

私たちには、世の中には正解が存在し、それを探すという癖が身についているようです。しかし答えは、正しい問いからしか得られません。そして、その答えも〝答えらしきもの〟であり、目的や状況により常に変化します。

私たちは、正しい問いを携え、自問し、繰り返し答えを自ら求めつつ生きていくしかないのです。貴方《あなた》は、どのような問いと共に生きていますか。

ドラッカーの著作の中には二〇〇を超える問いが存在します。いくつかのカテゴリーに分けて代表的なものを紹介したいと思います。

◉ドラッカーであれば、最初に何を「問う」か?

第一のカテゴリーは、「〇〇とは何か」というものです。

これは物事の本質を問うものです。「企業とは何か」「事業とは何か」「成果とは何か」などです。

これらを教え子に直接問うことは稀《まれ》でした。これらは、ドラッカー自身が自問自答し、本や論文で発表し、目の覚めるような示唆《しさ》を読む者にもたらし、これまでの自分の考えを改めるきっかけを与えました。一例を挙げます。

「事業体とは何かを問われると、たいていの企業人は利益を得るための組織と答える。たいていの経済学者も同じように答える。この答えは間違いなだけではない。的外れであ

る」（『現代の経営』）

ドラッカーは、利益は事業体の目的ではなく存続の条件であると位置づけたのです。事業の目的としたのは、顧客の創造でした。

第二に、第一の本質を問う質問をもとに発せられた問いの一群があります。活発に意見を出し合い、組織を方向づける問いです。

代表的な問いに「**われわれの事業は何か**」があります。この問いを世に問うたときドラッカーは次のように述べました。

「**事業は何かという問いに答えるほど、単純でわかりきったことはないように思われる。鉄鋼メーカーは鉄をつくり、鉄道会社は貨物や乗客を運ぶ**」（『現代の経営』）

自社の事業について問われれば、多くの人が同じように答えるのではないでしょうか。

「**しかし実際には、『われわれの事業は何か』という問いは常に難しく、徹底的な思考と検討なくしては答えることはできない**」（『現代の経営』）

自分たちが行っている事業が何かを知らずして事業がうまくいくことはありません。この問いを発するには理由があります。

「**企業が売っていると考えているものを顧客が買っていることは稀である。**（中略）**顧客は満足を買っている。しかし誰も、顧客満足そのものを生産したり供給したりはできない。**

満足を得るための手段をつくって引き渡せるにすぎない」（『創造する経営者』）

つまり、貴方たちの事業は、鉄をつくることではなく、顧客にどのような満足や価値を届けているのかと問われているのです。不断の問いかけと答え、その検証を通して組織を方向づけるということです。

◉人は自問することで、人として成熟していく

第三に、社会の変化を問う一群があります。

社会という人間の環境をよく観察するための問いで、冒頭部分に挙げた四つのアプローチの「①外の世界を見る」ためのものです。一例を示します。

「**通念に反することで、すでに起こっている変化は何か**」「**その変化が一時的なものではなく、本当の変化であることを示す証拠はあるか**」「**もしその変化に意味と重要性があるのであれば、それはどのような機会をもたらしてくれるのか**」（『すでに起こった未来』）

一連の問いは、単純な量の増減を意味するトレンドではなく、質が変わり、ステージが変わる変化（シフト）を問うています。

今では珍しくありませんが、モーターで駆動する電気自動車の登場は、車はエンジンで

駆動するという通念に反するものでした。

電気自動車は、過去に試作されるも実を結んでいませんでした。今回はシフトといえる変化になるのか――二〇〇〇年に入ってすぐの頃はそんな時代でした。その中、テスラ社はシフトが起こると判断し、二〇〇三年に起業しました。

さて第四のカテゴリーは、自己のあり方を問い、過去の経験を超えて新しい信条や価値観を手にし、自己成長していくための問いです。

冒頭部分の四つのアプローチの「④個を大切にする」に符合します。一例として八〇歳のドラッカーの言葉を紹介します。

「今日でも私は、いつもこの問い、『何によって憶《おぼ》えられたいか』を自らに問いかけている。これは、自己刷新を促《うなが》す問いである」（『非営利組織の経営』）

知の巨人との名声を得てなお成長しようとする姿が浮かびます。

最後に、他から何かを得ようとする姿勢を戒め、人生という自分の時間、つまり命を使って何を手にするかと問う哲人ドラッカーの言葉を紹介します。味読し、繰り返し自問したいものです。

「人生から何を得るかを問い、得られるものは自らが投じたものによることを知ったとき、人は人として成熟する」（『断絶の時代』）

第四章

マネジメントでチームを強化する、リーダーの仕事学

知識は人の中にある。人が教え学ぶものである。人が正しく、あるいは間違って使うものである。それゆえに知識社会への移行とは、人が中心になることにほかならない。

――『ポスト資本主義社会』（1993）

◉成果とは「顧客に起こるプラスの変化」のこと

「組織社会」が到来する――約五十年前、『断絶の時代』でドラッカーはそう予見しました。

ロシアがウクライナに侵攻して三年が経ちます。西側諸国は三年間、連携してウクライナを支援しています。筆者が驚いたのは、侵攻直後の経済制裁、とりわけ企業の動きの素早さです。カード会社やコンテンツ配信サービス会社は直《ただ》ちに利用を停止し、ロシア国内ではファストフードや衣料品などの店舗が即座に閉鎖されました。

グローバル企業群が自らの意志で自律的に経済制裁に参加しているのでした。組織が社会を動かす時代の進展に目を見張りました。

「組織社会では、社会の面倒を見るものは組織以外にはない」（『ポスト資本主義社会』）

現代社会は、製造、物流、販売、教育、医療など各組織が多元的に目的を掲げ、社会的課題に自律的に向き合っているのです。

ドラッカーは、組織を社会的な道具であるといいます。つまり組織は、社会において特定の役割や目的を果たす機能的な存在です。

「組織とは、共通の目的のために働く専門能力をもつ者からなる人間集団である。社会、コミュニティ、家族などの伝統的な社会集団とは異なり、組織は目的をもって設計され、形成される」（『ポスト資本主義社会』）

ドラッカーが「われわれのミッションは何か」と問うのはこのためです。企業は、利益をあげることを目的に存在しているわけではありません。利益は、存続の条件に過ぎません。主役は成果です。

企業も非営利組織も世のため人のために、どのような成果をあげるかを考えなければなりません。成果とは、顧客に起こるプラスの変化です。「われわれにとっての成果は何か」を問うことは、組織が社会で長く存続するために欠かせない条件です。

◉「人」だけでなく「知識」もマネジメントする時代

現代において組織は、幸福な社会を実現するために欠かせない存在です。その組織に成果をあげさせる道具がマネジメントです。ではマネジメントとは何か。

①部下の仕事に責任をもつこと
②他の人の働きに責任をもつこと
③知識の応用とその働きに責任をもつこと

ドラッカーによれば、①は最も古い定義で、②は一九五〇年代のものです。現代の定義は③です。今やマネジメントの対象は、人ではなく知識です。

このような背景には、「知識」に関する価値の変化があります。これまでは、知識は役に立たないものとされていましたが、一九六〇年代以降、富を生み出す主要な源泉は、資本でも労働力でもなく知識になりました。つまり産業や経済の現実が変化したのです。

「物をつくったり運んだりする産業ではなく、知識や情報をつくったり運んだりする産業

が、経済の中心となった。製薬業が生産しているのは、実は知識である。ピルや軟膏《なんこう》は知識の塊《かたまり》以外の何ものでもない」（『ポスト資本主義社会』）

ピルや軟膏をつくるために外部から購入する原材料は全体のコストからすれば、そう多くはありません。むしろ研究、企画、設計、デザイン、工程管理などに費やされる社内の活動、つまり人の汗と知恵の結晶が経済価値の大半を生み出しているのです。通信情報産業の興隆がそのことを物語っています。

このような状況では、研究やデザインなどに関する仕事や人の動きや働きを見ていてもマネジメントすることはできません。マネジメントの主要な対象は、人が生み出す情報や知識、そこから生まれる価値に変化しました。では、情報や知識をどのようにマネジメントすればよいのでしょうか。

「知識社会たる組織社会は、責任を基盤とする組織を必要とする」（『ポスト資本主義社会』）

今やマネジメントの本質は、人を見て指示命令したり管理したりすることではなく、知識の応用とその働きに責任をもつことです。

具体的には、過去の経験を踏まえ、「われわれの知識の卓越性（組織の強み）は何か」を問い、知識を集中的に蓄積しつつ、仕事に適用し、知識と知識を結合させて独自性を高めることです。

◉プロフェッショナルの倫理「知りながら害をなすな」

「知識に関わる者は高度の倫理基準を求められる」（『断絶の時代』）

社会に対して、顧客に対して情報や知識を優位にもつ者は、責任ある振る舞いが求められます。「知りながら害をなすな」――責任の重さの一端を語るために、医の倫理の礎《いしずえ》となったヒポクラテスの言葉をドラッカーは用いました。

「組織には、その組織の使命、精神、仕事、成果について責任をもつ人間が必要である。楽譜によって指揮を執る指揮者が必要である」（『ポスト資本主義社会』）

「楽譜」は知識の塊です。組織でいえば、使命や成果がこれにあたります。マネジメントを担う者は、目的実現のため指揮棒を振ります。しかし、オーケストラのメンバーに対して指示命令はできません。彼らは、指揮者以上に、それぞれの楽器に精通するプロだからです。

組織で働く者は、その目的をよく理解し、自律的に責任をもってそれぞれの仕事を行います。つまりマネジメントは、「楽譜」を基準として各自の主体性に任されます。

そのために欠かせないのは、使命や成果などの方向づけです。現場のプロたちは、その方向づけの下で自分の責任で考え、決定し、行動し、必要に応じて行動を修正します。

「知識組織におけるマネジメントの仕事は、指揮命令ではない。方向づけである」（『ポスト資本主義社会』）

幸福な社会の実現は、一人ひとりの人間の知識に関する責任ある行動によってのみ可能です。

「現代は組織の時代である。然《しか》し我々は組織の中のアトム（微分子）となる機械化を斥《しりぞ》けて、個性と自由を護持する」——安岡正篤《まさひろ》先生の言葉は、一人ひとりに覚悟を求めます。自由とは、自ら選択肢を手にし、そこから選べることです。選んだ結果にはプロとしての責任が伴います。組織の歯車ではなく、組織という道具を自ら使ったとき、そのことは実現します。

知識は単に富を生み出す源泉ではなく、「人の中にある」ものです。安岡先生は、知識を実践によって物事を判断する基準に高めたとき「見識」となり、さらに判断したものを勇気をもって実行するとき「胆識《たんしき》」が練られると教えます。

知識の働きに対するプロとしての真の責任は、知識を見識や胆識に変える日々の練磨の先にあるのです。

もし、コンセプト、原則、パターンによって
マネジメントすることができ、
システムと方法を適用することが
できるとするならば、
誰でもマネジメントのための能力を
自ら高めていくことができることになる。

――『現代の経営』（1954）

◉きわめて再現性の高い、ドラッカーの経営手法に学ぶ

マネジメントが発明されたと後に言われるようになる書『現代の経営』が世に出た頃、一人の若者が鹿児島から京都に出てニューセラミックスの研究を始めました。

入社後、新しいセラミックスの合成に日本で初めて成功するも、上司と衝突し、退社

――稲盛和夫氏の若き日の姿です。

二七歳で京セラを、五二歳で第二電電（現ＫＤＤＩ）を創業しました。両社は二〇二二年時点でそれぞれ売上高一・八兆円、五・四兆円の巨大企業に成長。加えて、経営破綻《はたん》に陥った日本航空の再建を依頼され、七八歳で大役を引き受け、会長に就任、一年で一〇〇〇億円を超す黒字を計上し、二年八カ月で再上場を果たしました。

日本航空再建のために携えていったものは、稲盛氏の経営哲学「フィロソフィ」と経営管理システム「アメーバ経営」の二つだけ。

どちらもドラッカーがいう「コンセプト」です。その独自のコンセプトは、実践で磨かれ原理原則にまで高められていきました。

ドラッカーがパターンによってマネジメントすることができればと述べたように、二つのコンセプトは、業種を超えて機能するきわめて再現性の高い経営手法であることが証明されたのです。

稲盛氏の著作に『稲盛和夫の実学』（一九九八）があります。出版と同時に手に取った私は、何度も読み、その精髄《せいずい》を汲《く》み取ろうとしました。その数年前、駆け出しの職業会計人だった私は、経営再建の現場に責任者として張り付きになっていました。成果をあげら

れず試練を味わった苦い一年でした。

『稲盛和夫の実学』には、「会計がわからなければ真の経営者になれない」とあります。私には、「会計がわかっても経営ができるわけではない」と痛烈なメッセージとして跳ね返ってきました。

◉「組織のあらゆる階層にリーダーを置く」マネジメント

私がドラッカーの教えに出合ったのは、それから数年後になります。ドラッカーを学ぶほどに稲盛氏の経営が原理原則にかなっていることを思い知らされます。

「リーダーシップの基礎とは、組織の使命を考え抜き、それを目に見える形で明確に定義し、確立することである」（『プロフェッショナルの条件』）

稲盛氏は、弱冠二九歳にしてこの原理原則に気づき、実践を通して経営哲学にまで高めたのです。京セラの使命、すなわち経営理念誕生には、一つの物語があります。

創業して三年目の春、前年に入社した高卒社員一一名が、待遇保証を求める団体交渉を申し入れてきたのです。三日三晩かけて徹底的に話をした結果、最後は「信じられないなら、だまされる勇気ももってみないか。だまされたと思ったら、俺を刺し殺してもいい」

という言葉に込められた熱意が通じ、この交渉はようやく決着したといいます。

この一件を機に、「会社とはどういうものでなければならないか」ということを真剣に考え続けました。その結果、会社経営とは、将来にわたって社員やその家族の生活を守り、みんなの幸福を目指していくことでなければならないということに気づいたといいます。

こうして「全従業員の物心両面の幸福を追求すると同時に、人類、社会の進歩発展に貢献すること」という命を賭《と》した経営理念が誕生したのです（オフィシャルサイトから筆者作成）。

願望成就のためには、「切れば血の代わりに『思い』が流れる。それほどまでにひたむきに、強く一筋に思うこと」との稲盛氏の言葉に尋常ならざる覚悟を感じます。


「組織のあらゆる階層において、リーダーを育て、リーダーとして活躍させる必要がある」（『経営者に贈る5つの質問』）

アメーバ経営には、アメーバと呼ばれる単位ごとにリーダーがおり、単位ごとで採算管理が徹底されています。時にアメーバ間で利害が相反することもありますが、判断基準はフィロソフィです。

基礎となる経営哲学なしに手段だけを真似てもうまくいきません。物事の本末を転倒させてはいけないと自戒させられます。

◉GDP世界四位の日本がなぜ、幸福度は五十一位なのか

「リーダーシップとは、人のビジョンを高め、成果の水準を高め、通常の限界を超えて人格を高めることである」（『マネジメント』）

そのためには何が必要か。真剣に考え抜いて得られた稲盛氏の言葉にその答えがあります。

「私は『経営において確かなものは何だろうか』ということを絶えず真剣に考えていた。悩み抜いた末に、『人の心』が一番大事だという結論に至った」

人の心を動かすことなしに短期間で日本航空の再建を果たすことはありえません。

ある調査では、日本はＧＤＰ世界四位にありながら、幸福度は五十一位であるといいます。

日本は今、試練の中にいるのです。人の心が大切なのは、経営に限りません。

「試練を、絶好の成長の機会としてとらえることのできる人、さらには、人生とは心を高めるために与えられた期間であり、魂を磨くための修養の場であると考えられる人――。そういう人こそが、限りある人生を、豊かで実り多いものとし、周囲にも素晴らしい幸福

をもたらすことができるのです」

稲盛氏のこの言葉は、試練を機会に変えられるのは、一人ひとりの心次第だということを教えています。では、それはどのような心なのか。稲盛氏の言葉です。

「私たちがどれだけ利己的な欲望を抑え、他の人に善かれかしと願う『利他《りた》』の心を持てるかどうか、このことが幸福の鍵となるということを、私は自らの人生から学び、確信しています」

ドラッカーは、「**マネジメントとは、科学であると同時に人間学である**」といいます。独自の管理会計ともいうべきアメーバ経営は、科学性の象徴です。一方、フィロソフィの根幹に宿る「人間社会の道徳、倫理といわれるものを基準として、人として正しいことを正しいままに貫いていこう」という思いには、人間学の側面を蔵しています。

これを一つの体系として実践で用いたことは、産業社会における世界的な偉業といっても過言ではありません。稲盛氏の哲学は、不朽の普遍性を備えています。大いに学び、経営に、人生に、国づくりに生かしたいものです。

変化をマネジメントすることから始めるのは、間違いです。最初に行うべきことは、継続をマネジメントすることです。

――『創生の時』（1995）

◉時代の変化には「不変の法則」がある！

二〇二二年九月下旬に、新型コロナウイルスの感染者の全数届出という行政手続が変更されました。第七波の沈静化とともに、報道も減り、人々の意識に変化が起き、世の中の「空気が変わった」と私は知覚しました。

後世の評価となりますが、日本のコロナ禍《か》の転換点といえるかもしれません。ポイントは、人々の行動が後戻りしないかどうかです。この変化をシフトといいます。元に戻る変化であるトレンドと区別しておく必要があります。

「コップに『半分入っている』と『半分空である』とは、量的には同じである。だが、意味はまったく違う。とるべき行動も違う。世の中の認識が『半分入っている』から『半分空である』に変わるとき、イノベーションの機会が生まれる」（『イノベーションと企業家精神』）

認識の変化は機会を生み、機会はイノベーション、変革につながります。したがって「変化をマネジメント」するのではなく、先《ま》ず「変化を知覚する」ことが重要です。変化を知覚する能力は磨くことができるといいます。

「今日（中略）では、中心に位置づけるべきものは知覚的な認識である。しかも、それは訓練し発達させることが可能である」（『新しい現実』）

The Book of Changesと呼ばれる東洋思想の古典中の古典である『易経《えききょう》』は、時の変化の法則の書といわれています。物事は変化し続ける（変易）とともに、変化には不変の法則があること（不易）を教えています。

『「易経」一日一言』の編者である竹村亞希子先生の解説です。

「易経は、聖人が物事を明らかにするために、時の変化を微細な粉末にすり砕《くだ》くほどに深く研究して極め、『幾《き》』兆《きざ》しを察する能力を養うための書物である」

リーダーが兆しを察するのは、世の中の役に立つためです。しかし、変化の中で最も適切な行動をとることは、難しいことです。その時にピッタリの行動をとるためには学び、訓練することです。

◉継続のマネジメント――継続しないものを見つけ、廃棄

このような変化に対して、私たちがまず行うべき「継続のマネジメント」とは何でしょうか。第一に、継続しないものの見きわめとその廃棄です。これは、人々の意識と行動の変化と関係しています。コロナ禍で習慣が変わっていれば、それが定着する可能性が高いということです。過去の成功体験は通用しません。

たとえば、コロナ禍では、飲食店の閉店時間は総じて早くなっていました。一段落した現在、人々の行動が元に戻るかどうかを見きわめ、これに対応しなければなりません。

一方、テレワーク、キャッシュレス決済、オンラインによる買い物・会議・学習・診断などは、コロナ禍で生まれたものではありませんが、人々はこれらに価値を見出し、大きく加速させました。

コロナ禍で減速した活動は何か。それは元に戻るのか。コロナ禍で加速した活動は何か。

それはそのまま定着するのか。これらの着地点は、私たちの事業と仕事に大きな影響を与えます。ここまで述べた継続は、社会や顧客という外の変化についてです。
継続のマネジメントの第二は、内部的な継続についてです。
「イノベーションは強みを基盤としなければならない」（『イノベーションと企業家精神』）
変化はイノベーションの母ですが、組織の強みを生かさなければ成功はありません。強みは、過去の活動の蓄積の結果であり、継続のマネジメントの典型例です。
「経営管理者を動機づけ、彼らの献身と力を引き出すもの（中略）は、組織の文化である」（『現代の経営』）
「リーダーシップの基礎とは、組織の使命を考え抜き、それを目に見える形で明確に定義し、確立することである」（『プロフェッショナルの条件』）
組織の文化、リーダーシップ、使命もまた継続に関わるものであり、その充実の上に変化を生かさなければなりません。『易経』でもリーダーとなるべき者は、初めに確乎不抜《かっこふばつ》の志《こころざし》を立てるべきことを教えています。リーダーのゆるぎない志もまた継続のための文柱です。

◉継続の中で変化をマネジメントする

私たちは、変化に直面すると意識をそちらに向けがちです。しかしドラッカーは、まずは継続と向き合うことを教えています。国や個人においても同様です。

たとえば、コロナ禍でロックダウンを法制化すべきであるとの議論が起こりましたが、日本人は法律に縛られることなく、粛々《しゅくしゅく》と自らを律し外出を控えました。これは、日本人が継続して備える美質が発現した結果です。

問題や課題を解決するのは、変化ではなく常に継続してもっているものです。ドラッカーは、明治維新というイノベーションの秘訣《ひけつ》を次のように表現します。

「彼らは、自らの国の特性と文化を維持しつつ、自らの国を強力な近代社会と近代経済に育てあげるために必要な社会的イノベーションに全精力を傾けた」(『マネジメント』)

維持、継続しているものをマネジメントすることなく、イノベーションの成功はありません。継続している基盤に変化を融合させてはじめて成果があがります。

我が国の皇室は、継続の象徴であり、二六〇〇年以上にわたって日本安寧《あんねい》の支えとなっています。また、『論語』伝来から一五〇〇年ほど、この間、儒家の教えをよく日本人は学び、社会のためにこれを活かしてきました。仏教もまた然《しか》り。日本に深く根ざしています。

「厳密に言うとドラッカーさんは『保存主義者』だった」。ドラッカーの分身といわれた翻訳者・上田惇生《あつお》先生の言葉です。価値あるものを「保存」し、これを活かす以外に変革の方法はありません。

個人も同様です。一人ひとりの強みや仕事の仕方、価値観、人間力など継続しているものを生かすことなく成果をあげることはできません。新しいスキルも継続との融合なくしてうまくいくことはありません。

「なすべきは自らがもっていないものではなく、自らがもっているものを使って成果をあげることである」(『非営利組織の経営』)

己を修め、もっているものを継続して高める者にのみ機会はやってくる、という人生の法則を噛みしめたいものです。

チームをつくれないために失敗する組織は多い。優れたリーダーといえども、部下を助手として使っていたのではたいしたことはできない。

――『非営利組織の経営』（1990）

◉優れたリーダーはグループでなく、チームをつくる

ドラッカーは、チームの目的はメンバーの強みをフルに生かして弱みを意味のないものにすることであるといいます。

単なる人間の集団をグループといいます。各自の強みを発揮し、相互補完的に役割を担う集団がチームです。人間集団をチームに育てるには、まず自分の強みや仕事の仕方、価

価値観を知ることです。

「強み、仕事の仕方、価値観という三つの問題に答えが出さえすれば、うるべき所も明らかになるはずである」（『明日を支配するもの』）

ここでの強みとは、各人の資質のようなもので後天的には、あまり変わらないものをいいます。これに対してスキルなどの習得可能なものは、得意分野といいドラッカーがいう強みには含まれません。

「指紋のように自らに固有の強みを発揮しなければ成果をあげることはできない。なすべきは（中略）もっているものを使って成果をあげることである」（『非営利組織の経営』）

自分の強みを知り、これを仕事に生かすことで「うるべき所」、つまり自分を生かす場を徐々に知り、各人がもつ強みなどを仕事で相互に生かし合う過程でチームはつくられていきます。

一方でドラッカーは、一見矛盾することをいいます。

「チームをつくるには人から始めてはならない。なされるべき仕事から始めなければならない」（『非営利組織の経営』）

「うるべき所」とは、自分の強みを生かせる仕事を意味します。適材適所ではなく、適所適材です。はじめに仕事（適所）ありきです。

ドラッカーは、仕事は客観的なものだといいます。仕事の先に顧客がおり、仕事は価値や満足をとどけるために必要な作業の集合体だからです。それは、組織の都合で決まるものではなく、顧客の都合で決まるものです。つまり、なすべきこと、貢献が最初にあります。

その「仕事」に「ふさわしい人」の順番で考えることが、チームを形成するポイントです。

◉優れたチームをつくるリーダー・四つの条件

「トップマネジメントの仕事がチームの仕事であることを認識することは、特に中小の企業において重要である。企業が成長できないのも、トップのワンマン体制が原因であることが多いからである」（『マネジメント』）

チームの中で最も重要なのは、トップマネジメントチームです。ドラッカーから感化を得ていた『ビジョナリーカンパニー』の著者ジム・コリンズは、飛躍した組織は層の厚い強力な経営陣を築きあげたといい、「一人の天才を千人で支える」方式では、部下が育たないと指摘しました。

「リーダーにとって最悪のことは、辞めたあと組織ががたがたになることである。それは（中略）何もつくりあげなかったことを意味する」（『非営利組織の経営』）

ドラッカーは、チームづくりの要《かなめ》になるリーダーの基本的なありかたを四つ示しました。

①口を閉ざし、人のいうことを聞く姿勢、意欲、能力があること
②コミュニケーションによって自らの考えを理解してもらう意欲と忍耐があること
③言い訳をせず、思ったようにいっていない、間違った、やり直そうといえること
④仕事はリーダー自身とは別個のものであり、仕事の下に自らを置くこと

④に関してドラッカーは、一種の「分離感が必要である」といいます。自らを仕事の外に起き、大義のためと称して自らのために仕事をすることを避けなければ、自己中心的になり虚栄の落とし穴にはまると警鐘《けいしょう》を鳴らします。

「リーダーである私が知るべきことは何か」、**「大事な仕事は何か」**、**「成功を続けていくには何が必要か」**。

どれもドラッカーが紹介した優れたチームをつくったリーダーたちの部下への問いかけです。こんな例も挙げています。

なすべきことを中心にすえて最高のチームをつくりあげたあるリーダーは、会議では、一番の軽輩から発言させ、誰の口も挟ませなかったといいます。

それは、うぬぼれの強いリーダーにとって容易なことではありませんでした。彼はいつも無理してそうしていたのです。理由は、それがリーダーの役割だからです。

◉仕事を通じて自らをつくりあげる――リーダーの特性

日本のリーダーの行動指針の書として江戸後期から明治にかけて世に知られた「重職《じゅうしょく》心得箇条《こころえかじょう》」があります。作者は、官学の総帥《そうすい》として名高い佐藤一斎《いっさい》先生です。

「心得」は一七箇条からなり、現代でも学ぶべきことが多く記されています。安岡正篤著『佐藤一斎「重職心得箇条」を読む』から一条だけ口語訳で紹介します。

「大臣の心得として、まず部下、諸役人の意見を十分発表させて、これを公平に裁決するのがその職分であろう。

もし、自分に部下の考えより良いものがあっても、さして害のない場合には、部下の考えを用いる方が良い。

部下を引き立てて、気持ち良く積極的に仕事に取り組めるようにして働かせるのが重要な職務である」

ここに我欲を捨てなすべきことをなす要諦《ようてい》があります。

さらに人を用いる要訣《ようけつ》が記されています。

「また小さな過失にこだわり、人を容認して用いることがないならば、使える人は誰一人としていないようになる。功をもって過ちを補わせることがよい。

またとりたててえらいというほどの者がいないとしても、（中略）それ相応の者はいるものである。択《え》り好みをせずに、愛憎などの私心を捨てて、用いるべきである。自分流儀の者ばかりを取り立てているのは、水に水を差すというようなもので、調理にならず、味もそっけもない。平生《へいぜい》嫌いな人を良く用いる事こそが腕前である」

リーダーとは、仕事そのものに真摯《しんし》に向き合うゆえに愛憎や我欲を捨て、部下を生かし、顧客に起こる成果に焦点を合わせ、なされるべき仕事は何かを問い、その背中を見せ続ける者の別名です。

「リーダーとは仕事を通じて自らつくりあげるものである」（『非営利組織の経営』）

分離感をもって始めた仕事も自己と仕事が一つになるよう専心する——安岡先生の珠玉の言葉を味わいたいと思います。

「自己というものを本当に仕事に打ち込んでいく、そうすると、自分の対象である仕事は、自己と一つになることによって精神化される」

マネジメント教育とは、仕事を生計の資以上のものにすることであるといって過言でない。それは、働く者が自らの能力をフルに発揮できるようにすること、すなわち仕事をよき人生にすることである。

――『マネジメント』（1973）

◉ドラッカーに影響を与えた、渋沢栄一のマネジメント

人格を変えることをマネジメント教育にすえてはならない――ドラッカーの教えです。「仕事は人格の延長である」とドラッカーがいうように、成果をあげる能力を高め、仕事

を通して人格を磨き、よき人生を送るという道筋を実践することが大切です（成果をあげる能力については、『ドラッカーに学ぶ人間学』26話参照）。

言葉を換えると、人格を高めることは人から教えられることではなく、自ら学び実践することでしか実現できないということです。

ドラッカーの教えの中には、どうやって人格を磨くかについての具体的な記述はありません。

ドラッカーは、マネジメントは独自の文化を活かすことでしか実現しないといいます。日本には東洋思想を基礎とした人間学という伝統があります。

たとえば、ドラッカーが影響を受けた三人の人物の一人に渋沢栄一翁がいます。日本の資本主義の父と呼ばれる栄一翁は、マネジメントという考え方が誕生する以前から『論語』に基づいた経営を実践していたゆえに、ドラッカーの目にとまったのです。

「日本では、官界から実業界へ転身した渋沢栄一（中略）が、（中略）企業と国益、企業と道徳について問題を提起した。のみならず、マネジメント教育に力を入れた。プロフェッショナルとしてのマネジメントの必要性を世界で最初に理解したのが渋沢だった。明治期の日本の経済的な躍進は、渋沢の経営思想と行動力によるところが大きかった」（『マネジメント』）

そして当の栄一翁もある人物の影響を受けていることを次の言葉が示しています。

「すべて孔子が『論語』で説いている教訓を、実地に行うことにのみ心を尽くしてきたつもりである」

マネジメントの父に影響を与えた叡智《えいち》の源泉が、江戸時代以前の私たちの先人の中にあったことに感動を覚えるのは私一人ではないと思います。

「明治という時代の特質は、古い日本が持っていた潜在的な能力をうまく引き出したことですが、それは、渋沢栄一という人物の生き方に象徴的に表されています」（『明治1 変革を導いた人間力』）

◉マネジメントに日本の叡智を活かす――ドラッカーの提言

ドラッカーは、栄一翁から明治維新の本質、すなわち継続の中で変革を行うことを学びました。栄一翁の著作『論語と算盤《そろばん》』は、『論語』に代表される人間学という土台の上に資本主義という新しい考えを正しく導入させるためのものでした。

「富を造るという一面には、常に社会的恩誼《おんぎ》あるを思い、徳義上の義務として社会に尽くすことを忘れてはならぬ」

『論語と算盤』にあるこの言葉は、第一次世界大戦による好景気で一夜にして富を手にする者（成金）が続出し、これを羨《うらや》むような世情に警鐘《けいしょう》を鳴らしたものです。

富は目的ではなく、人々が幸福に過ごす手段にすぎません。徳の道を歩き、人間力を養い、社会正義を実現していくことが肝要だと栄一翁は教えたのです。現代に通じる本質的な教えです。私たちは、日本に伝わる継続性の一つである人間学を学び、その土台の上に真の繁栄を築いていかなければなりません。

では「人間力を養うには何が必要か」――この深遠《しんえん》な問いに対する簡明な答えがここにあります。

「根本になくてはならないのは、憤《ふん》の一字である。物事に出会い、人物に出会い、発憤《はっぷん》し、感激し、自己の理想に向かって向上心を燃やしていく。そういうものを根本に持っていない人に、人間力はついてこない。

次に大事なのは志である。夢といってもいい。いかなる志、夢を持っているのか。その内容が人間力の大小厚薄重軽を決める。

第三は与えられた場で全力を尽くすこと。人生の経験をなめ尽くすことといってもいい。第四はその一貫持続であり、第五はすぐれた古今の人物に学ぶことである。すぐれた人の生き方に学ぼうとしない人に人間的成長はない。

そして最後に大事なのは素直な心だろう。松下幸之助氏は最晩年まで、『素直の十段になりましょう』と言い続けたそうである。素直な心、柔軟心こそ、人間力を高めていく上で欠かせない一念であろうと思われる」（『人生の法則』）

致知出版社社長・藤尾秀昭氏の長年の経験から得られた珠玉の言葉を指針としたい。

◉孔子の啓発教育に通じる、ドラッカーのマネジメント教育

六つの教えは一つの構造を持っています。

まず人が備えている「素心《そしん》」を保つことが基本です。そして「憤」と「人物」というきっかけによって素心に灯《ひ》がつきます。

灯された明かりが燃え続けるためには、自分の外側に「志」と「場」、つまり具体的な対象をもつことが欠かせません。志とは、自分事ではなく世のため人のために何をなすかということです。その利他の力が仕事という場で自己の力を引き出してくれるのです。

こうしてその場で「一貫持続」して仕事ができれば自ずと人間力は磨かれると教えているのです。

人間力は主体側の問題ですが、「志」や「場」という客体側に意識を向けることで磨か

れます。客体は、意識を向ける対象と考えるとわかりやすいと思います。客体側の存在を教えてくれる契機となるものが「憤」や「人物」です。

「憤せずんば啓《けい》せず。悱《ひ》せずんば発せず」――「自分で理解に苦しんで歯がみをするほどにならなければ、解決の糸口をつけてやらない。言おうとして言えず、口を歪《ゆが》めるほどでなければ、その手引きをしてやらない」（『「論語」一日一言』）

孔子の啓発教育と呼ばれるものですが、「自己実現の動機を外側から与えることはできない。動機は内側から来なければならない」というように「マネジメント教育」に通じるものがあります。

組織社会において上司は、仕事をとおして発憤の素材を提供する重要な役割を担っています（以下、『マネジメント』から）。

「**自己啓発にとって、自らの自己啓発に取り組んでいる上司ほどよい手本になるものはない。人は上司を手本とすることによって、自らの強みを伸ばし、必要な経験を積んでいく**」

部下に投げかける次の問いは、人間力の練磨に向き合う上司の姿とともにあることを教えています。

「**成果をあげたものは何か。優れた成果をあげることができるものは何か。その長所を最**

大限に発揮するために克服すべき条件は何か」

「人生に期待するものは何か。自らの価値観、願望、進むべき方向は何か。自分自身に対する要求や、人生への期待に沿って生きていくには、何を行い、何を学び、何を変えるか」

真摯さを絶対視して、初めてマネジメントの真剣さが示される。（中略）リーダーシップが発揮されるのは、真摯さによってである。範となるのも、真摯さによってである。

——『マネジメント』（1973）

◉真摯なマネジャーは、人の強みに目が行く

「**真摯《しんし》さはごまかせない**」とドラッカーは言います。また「**真摯さを定義することは難しい**」とも言います。

真摯さ＝integrityと同じ語源を持つ言葉にintegration（統合）があります。つまりintegrityは、様々な要素が統合された概念であるといえます。

ドラッカーは、人格は全体にかかわる概念であり、部分の総和が全体となるような世界ではなく、全体としてのみ把握することができると言います。

人格の重要な一部を形成する真摯さも全体としてのみとらえることができます。つまり「○○がある」から真摯さが備わっていると言えるものではなく、逆に「○○がない」から真摯さを欠くと判断できるという性格をもっています。

それゆえ「**ともに働く者、特に部下には、上司が真摯であるかどうかは数週間でわかる**」とドラッカーは言います。「○○がない」が言動に表れるからです。

人の強みに目が向かない者は真摯さがないとドラッカーは断じます。そのような者は、人の弱みにばかり目が行くからです。

組織は、人の弱みを中和し、意味のないものにする道具です。そのような組織の特性を壊す者をマネジメントの地位につけてはなりません。組織の文化を破壊する者だからです。

強みに目を向けるということは、部下の限界を知っておくことを意味します。今できることの限界は、同時に挑戦すべき基点であり、部下が強みを磨き、可能性を引き出すことをサポートすることが上司の役割です。

誰が正しいかに関心をもち、何が正しいかという視点がない者も真摯さがないとドラッカーは言います。絶対に正しい人など世の中にいるはずもなく、そのような姿勢をもつ者は、人に対する敬意を欠き、必ず組織全体を堕落させるとドラッカーは断じます。
できる部下を恐れて重用しない者は人として弱く、自らの仕事に高い基準を設定しない者は仕事に対する侮《あなど》りを組織にばらまくなどドラッカーが挙げた基準は明快です。

◉「誰か正しいか」ではなく「何が正しいか」が正しい

「いかに知識があり、聡明《そうめい》であって、上手に仕事をこなしても、真摯さに欠ける者は組織を破壊する。組織にとって最も重要な資源である人を破壊する。組織の精神を損なう。成果を損なう。このことは、特にトップマネジメントについていえる。（中略）範とすることのできない者を高い位置に就けてはならない」（『マネジメント』）

残念ながら昨今、有名組織の不祥事が世間の耳目を集めています。不正行為を知りながら沈黙を続けるトップの姿、そこで働く者たちが壊れていく姿を反面教師としたいものです。

「真摯さは習得できない。仕事についたときにもっていなければ、あとで身につけることはできない」（『現代の経営』）

真摯さは、誰かに教えてもらって身につくものでも、本を読んで学べるものでもありません。実践によって身につけるものです。それゆえマネジメントを行う立場になったときには身についていなければならないものです。

つまり、人の強みに目を向け、誰が正しいかではなく何が正しいかという姿勢で臨むなど、日頃から実践し、習慣的な言動として身についていることです。さもなければ、リーダーとして範を示すことはできず、フォロワーシップが育ちません。

哲学者の森信三先生の言葉が一つの方向を示しています。

「人間の長所短所の問題について、私の考えでは、知識とか技能というような、いわば外面的な事柄については、一般的に短所を補うというよりも、むしろ長所を伸ばすほうが、よくはないかという考えなのです。これに反して、自分の性格という、内面的な問題になりますと、私は、長所を伸ばそうとするよりも、むしろまず欠点を矯正することから始めるのが、よくはないかと思います」

組織社会といわれる現代では、少しこの言葉を掘り下げて考えてみると有益です。

◉「成果をあげる五つの能力」でチームに貢献する

知識や技能という外面的な事柄は得意分野といわれる領域であり、これを伸ばしていくことで組織や社会に貢献することができます。

加えて組織で働く者が習得しておくべき自己実現を果たす能力が「成果をあげる能力」です（詳細は、拙著『ドラッカーに学ぶ人間学』26話参照）。知識や技能を成果に結びつけ、組織という道具を使って自らを成長させるための習慣的な五つの能力です。

①時間を管理し、時間を創造する
②貢献に焦点を合わせる
③自他の強みを生かす
④最も重要なことに集中する
⑤成果があがる意思決定をする

組織社会では、人の強み（資質）は伸ばすことは、自分の居場所を決める大切なポイントです。

「わずか数十年前までは、（中略）自らの強みを知っても意味がなかった。生まれながらにして、仕事も職業も決まっていた。（中略）ところが今日では、選択の自由がある。したがって、自らが属するところがどこであるかを知るために、自らの強みを知ることが必要になっている」（『明日を支配するもの』）

人の強み（資質）は、内面的な問題になりますが、この領域も意識的に知り、活用することで長所として伸ばしていくことが求められています。つまり、資質という原石を光り輝かせるのです。組織を通して貢献し、成果をあげることが、組織社会の基本形だからです。

「指紋のように自らに固有の強みを発揮しなければ成果をあげることはできない。なすべきは自らがもっていないものではなく、自らがもっているものを使って成果をあげることである」（『非営利組織の経営』）

森先生が自分の性格と述べられた点は、個性と人格に分けて考えることができます。個性は伸ばし、人格は磨く。前者は誰に貢献するかという利他の考えが基本となり、外の世界に目を向けることで道が拓《ひら》けます。後者は、内なる自分と対話することで深まります。

「○○がない」、つまり欠けているものと向き合うことです。

『論語』に「君子は器《うつわ》ならず」という言葉があります。

「できた人物は特定の働きを持った器のようではない」という意味です。人格という器は、単に何かの役に立つ才知によってできているのではなく、欠けたものを意識しつつ全人格として成熟させていくものであることを教えています。

リーダーのあるべき姿として心に刻みたいものです。

Peter F.Drucker 27

重要なものは、道具ではなくコンセプトである。

――『テクノロジストの条件』(2005)

◉仕事とは何か――本質を問い続けるドラッカーの魅力

「発展とは資力ではなく人間力の問題である。その人間力の醸成と方向づけこそマネジメントの役割である」(『マネジメント』)

組織をはじめとした物事の生成発展の源は人間力にあります。資力を道具に変えることはできますが、資力で人間力を養うことはできません。安岡正篤先生は人間学、すなわち人間力を醸成する要諦《ようてい》を明らかにしました。

「優れた人物を学ぶと共に優れた書物を読まなければならぬ。(中略)つまり私淑《ししゅく》する人物を持ち、愛読書を得なければならぬということが、人物学を修める根本的、絶対的条件であります」

書物を通して私淑する人物の言行から人生の法則、原理原則を学ぶということです。書物から人物を学ぶということは、言葉を通して教えを授かるということです。言葉の中でもコンセプト（概念）には本質が凝縮されています。

ドラッカーは『Concept of the Corporation』という本を三六歳で出版します。日本名は『企業とは何か』です。直訳すると「企業という概念」となります。

コンセプトとは、「〇〇とは何か」と物事の本質を問い、示すものです。冒頭のドラッカーの言葉は、本質を理解することの重要性を伝えています。事業とは何か、仕事とは何か、知識とは何か――ドラッカーは、基本的なコンセプトの本質を問い続けました。

コンセプトは、事業や知識など単体の言葉というわけではありません。

たとえば、『致知』二〇二四年八月号の特集テーマ「さらに前進」は、「さらに」と「前進」という二つの言葉を組み合わせて、特別に一つの意味内容を伝えるコンセプトとして練られたものです。

「さらに前進」というコンセプトの本質を伝えるために同号では、禅語「さらに参ぜよ三十年」を同義語であると紹介しています。

三十年とは量を示す言葉ですが、続けることで悟りの先にある境地を求め続け、生涯修養せよと行動の方向性を明らかにしています。以上から私は、量を重ねることで何か新しい質的な変化が自他に起こることが「さらに前進」の本質だと観取しました。

物事の本質は、誰かが考えたものを単に受け入れるのではなく、自分で考えて手にするものです。

◉思考の三原則「長期的・多面的・根本的に考える」

新しいコンセプトを獲得すると物事を見る視点が増え、世の中の見え方、世界観が変わります。コンセプトとは物事を見る「視点」だからです。これがコンセプトの重要な機能です。

先述の「さらに前進」というコンセプトを自分の視点にすることができれば、たとえば藤尾秀昭社長が同八月号「特集総リード」で「心に浮かぶ人がいる」と述べ、二宮尊徳翁を挙げたように、自ら同じような生き方をした人を数多く発見できるようになるでしょう。

次の言葉は事業とは何かを問い、その本質を観取しています。

「**事業とは、市場において知識という資源を経済価値に転換するプロセスである**」（『創造する経営者』）

事業の本質を知ると、事業に関連している知識という資源、経済価値もしくは顧客価値、製品やサービスの提供プロセスという三つの視点を新たに得ることができます。たとえば、顧客価値を提供するためにどんなプロセスに変更したらよいか、価値源泉である知識の卓越性、つまり組織の強みをどのように高めるかと考えることができるようになり、事業を観る眼が深まります。

安岡先生は、思考の三原則として「長期的、多面的、根本的に考える」ことを挙げています。

根本的に観ることは、本質的に観ることと同じです。多面的とは、視点の多さをいいます。長期的とは、一つのコンセプトを長期にわたって観ることです。

たとえば、ドラッカーは「技術」というコンセプトを用いて、七〇〇〇年前の灌漑《かんがい》技術から現代のインターネット技術までの時代を俯瞰《ふかん》して観ていました。

コンセプトには、もう一つ重要な機能があります。

一つのコンセプトの本質が明らかになれば、行動の方向性が定まるという機能です。もし「○○とは××である」という形でその本質が把握されたならば、「○○」に対して、一つの認識が形成され、それによって行動の方向性が決まります。

たとえば、「チーム」の本質が次の言葉に表れているとすれば、私たちは人の強みを生かし、それを共同の働きに結びつけようとするでしょう。

「チームの目的は、メンバーの強みをフルに発揮させ、弱みを意味のないものにすることである」（『非営利組織の経営』）

本質の把握が的を射ているほど行動の正しい方向性が示されるといえます。コンセプトは、本質的な活動に人を導き、人を動かすエネルギーをもっているのです。

◉リーダーの人格を磨く「マネジメントという人間学」

コンセプトには、行動を規定する力がありますが、ただ理解しているだけでは変化は起きません。次に必要なのは実践です。安岡先生が明らかにした、人間力醸成のもう一つのポイントです。

「人物学に伴う実践、即《すなわ》ち人物修練の根本的条件は怯《お》めず臆《おく》せず、勇敢に、而《しこう》して己《おのれ》を空《むな》しうして、あらゆる人生の経験を嘗《な》め尽すことであります。人生の辛苦艱難《しんくかんなん》、喜怒哀楽、利害得失、栄枯盛衰《えいこせいすい》、そういう人生の事実、生活を勇敢に体験することです。その体験の中にその信念を生かしていって、初めて知行合一《ちこうごういつ》的に自己人物を練ることが出来るのであります」

たとえば、二宮尊徳翁に私淑しようとすれば、『二宮翁夜話』を繰り返し味読し、自己の日常に具体的に生かし、体験を重ね、信念にまで高めていく必要があります。

コンセプトに凝縮された原理原則、法則という経糸《たていと》だけでは人格という織物に仕上がることはありません。実践という緯糸《よこいと》が織り込まれ、人格の深さ、強さ、美しさは得られます。

再び八月号の総リードを例にとると、尊徳翁が示す至誠《しせい》、勤労、分度《ぶんど》（分限を守って生きる）、推譲《すいじょう》（今年得たものの一部を明年に譲り社会に譲る）という四つのコンセプトを日々の実践の中に織り込んでいくことになります。

鍬《くわ》や鋤《すき》という道具も大切ですが、心を動かす言葉、その中核にあるコンセプトはさらに重要だということです。マネジメント能力もまた、再現性のある原理原則（科学）を、体験をとおして自身の中に体系的に織り込んではじめて向上することを次の言葉は教えています。

「マネジメントとは、科学であると同時に人間学である。客観的な体系であるとともに、信条と経験の体系である」（『マネジメント』）

Peter F.Drucker 28

マネジメントが成果をあげるには、その仕事は組織の目的の達成に必要な課題を中心に組み立てられなければならない。

――『マネジメント』(1973)

◉優れたリーダーは「問題」と「課題」を使い分ける

経営の悩みを聞く機会が度々あります。

以下は、セミナー参加者から挙げられたものの一部です。

・部下が成長しない
・スタッフの自主性がない
・自分だけ張り切りすぎて組織で浮いている

・コミュニケーションがうまく取れない
・リーダーシップを発揮できない

しかし、これらはすべて目の前の「問題」であり、ドラッカーがいう「課題」ではありません。問題とは、現状とあるべき姿や目標とのギャップのことです。そのギャップを埋めるために取り組むべきことを課題といいます。

一〇〇〇ページを超えるドラッカーの大著『マネジメント』の副題は、「課題、責任、実践」です。それだけ課題はマネジメントにとって重要だということです。しかもその課題は、組織の目的（ミッション）により優先順位が変わります。

「リーダーが最初に行うべきことは、全員が、ミッションを目にし、耳にし、それとともに生きることができるようにすることである」（『非営利組織の経営』）

第一に行うべきことは、ミッションを明確にし、それを組織全体で共有し、日々の仕事に生かしている状況をつくることです。それは理想の姿であり、マネジメントの原則です。このあるべき姿が組織に方向性を与えます。

スタッフの自主性が発揮されない大きな原因はここにあります。方向性が明確でない、あるいは実践レベルで共有されていないならば、自主性の発揮は自分勝手な活動にとどまります。期待しているのは、示された方向性の中で主体的に活動することです。

リーダーシップが発揮できない根本原因もここにあります。フォロワーが従うべきは、人ではなくミッションだからです。

あるべき姿から導き出される取り組むべきこと、つまり課題は、組織の状況によって異なります。

たとえば、借り物の理念やミッションを本物に作り替えることが課題かもしれません。あるいは毎朝唱和するだけの理念やミッションから一段階状況を変えるための活動を行うことが課題かもしれません。

◉部下が成長しないという問題を解決する原則

問題の多くは、マネジメントの原則に反することから起こります。つまり、原則を知っていれば多くの問題を課題化することができ、解決に向けた行動を起こすことができるということです。

「コンセプト、原則、パターンによってマネジメントすることができ、システムと方法を適用することができるとするならば、誰でもマネジメントのための能力を自ら高めていくことができることになる」（『現代の経営』）

ドラッカーはマネジメントを構成する要素がコンセプト、原則、パターン、システム、方法の五つであることを発見しました。これがマネジメントの発明者といわれる所以《ゆえん》です。マネジメントは、単なる方法、ノウハウではなく、コンセプトと原則に則《のっと》った方法です。

この観点からさらに深掘りしてみましょう。

部下が成長しないという問題を解決する原則は何でしょうか。ドラッカーの言葉を読みながら原則を確認してみましょう。

「成長は、常に自己啓発によって行われる。企業が人の成長を請け負うなどということは法螺《ほら》にすぎない。成長は一人ひとりの人間のものであり、その能力と努力に関わるものである」（『マネジメント』）

成長は自己啓発（開発）によって行われる。これが原則です。つまり自分の問題であり、企業が行う人材育成はきっかけにすぎないということです。

「彼の人生は自己開発には二つの意味があることを教えていた。一つは人としての成長であり、一つは貢献のための能力の向上だった。（中略）貢献のための能力の向上とは、自らの強みを伸ばし、スキルを加え、仕事に使うことである」（『非営利組織の経営』）

自己啓発（開発）は、貢献のための能力を向上させ、人として成長することであるとドラッカーはいいます。これは自己啓発（開発）というコンセプトの本質的な意味内容です

（コンセプトについては27話を参照）。さらに「貢献のための能力の向上」というコンセプトの意味内容も先の言葉の中で明確に示されています。

成長に関するあるべき姿は、成長というコンセプトの意味内容を皆が理解し、自ら成長するという覚悟が駆動力になっている状態であると考えられるようになります。

これがコンセプトと原則がもつ力です。ここまでくると課題化は容易なのではないでしょうか。

◉部下の強みを最大化し、弱みを最小化する考え方

「チームの目的は、メンバーの強みをフルに発揮させ、弱みを意味のないものにすることである。（中略）大事なことは一人ひとりの強みを共同の働きに結びつけることである」

（『非営利組織の経営』）

チームの目的は、原則そのものです。目的に反する状況が成果を生むことはありません。この原則を用いるならば、「自分だけ張り切りすぎて組織で浮いている」という問題は解決に向かうかもしれません。さらに次の原則を用いると一人の頑張りが他者の力に変換されます。

「**果たすべき貢献を考えることによって、横へのコミュニケーションが可能となり、その結果チームワークが可能となる**」(『経営者の条件』)

この原則は、先に紹介した「貢献のための能力の向上とは、自らの強みを伸ばし、スキルを加え、仕事に使うことである」という言葉とつながります。

先に示したセミナー参加者のコミュニケーションの問題もどのように行うかではなく、「貢献」という言葉を中心に据《す》えることで何をコミュニケーションの対象にすればよいかという課題に転換されます。セミナー参加者の問題群は、「成長」「貢献」「強み」「チーム」「コミュニケーション」というコンセプトを用いて表現される原則でつながっています。

マネジメントに必要な能力を自ら高める秘訣《ひけつ》は、課題解決のためにコンセプトと原則を使いこなすことです。マネジメント能力とは、セミナーで語られたことや本に書いてあることを実現しようとすることではありません。マネジメント能力とは、自社の問題群から、真の課題やその優先順位を明確にし、実践に結びつけることです。

それは、コンサルタントの仕事ではありません。マネジメントを担うチームの一員である貴方《あなた》の仕事です。コンセプトと原則という道具を身につければ誰にでも行うことができる日常の仕事です。

第五章

変革の時代に成果を確実に出す、新しい仕事学

歴史上初めて、人間のほうが組織よりも長命になった。そこでまったく新しい問題が生まれた。第二の人生をどうするかである。

——『明日を支配するもの』(1999)

◉成功と失敗を分けるものは何か——ドラッカーの結論

「第二の人生をどうするか」を考えたことはあるでしょうか。ドラッカーは「**第二の人生をもつには、一つだけ条件がある。本格的に踏み切るはるか前から、助走していなければならない**」といいます。

六〇歳を過ぎた筆者と同世代の多くも定年を迎え、続々と次の新しい職に就いています。一世代若い、三〇代、四〇代ともなれば、三つ目、四つ目の職場で働いている人も珍しくない時代です。

しかし、ドラッカーがいう第二の人生とは、単なる転職を意味するものではありません。人生のギアチェンジともいうべきものです。それは、自らの生きる活力を復活させることを意味します。

ドラッカーは、三つの方法を紹介しています。

第一の方法は、キャリア・チェンジです。つまり職場を変えたり、職業を変えたりすることです。

第二に、パラレル・キャリアです。つまり複業や副業です。非営利活動に参加することもこれにあたります。

第三に、ソーシャル・アントレプレナーです。社会課題を解決する非営利の活動などを自ら始めることです。

私たちが生きる知識社会は、激しい競争社会でもあります。全員が成功することはなく、成功する者もいれば、失敗する者もいるとドラッカーはいいます。では、成功と失敗を分けるものは何か。

「一人ひとりの人間およびその家族にとっては、何かに貢献し、意味あることを行ない、ひとかどとなることが、決定的に重要な意味をもつ」（『明日を支配するもの』）

それは必ずしも経済的な成功を意味するものではなく、世のため人のために働き、喜びを自覚することです。人の役に立ち、敬意を払われることです。そこには成功や失敗を超える人生の重要な意味や価値があると言えましょう。

◉急速に不機嫌で非生産的で未熟な中年になる人の特徴

「『燃え尽きた』とは、たいていの場合飽きたというだけのことである」（『非営利組織の経営』）

飽きることは、知識労働者の習性です。一〇年もすれば、これまで行ってきたことは難なくできることでしょう。ギアチェンジが必要な理由もここにあります。

知識労働者は、五〇年にも及ぶ就労期間をこの飽きるという習性と戦わなければなりません。

組織に留まろうが、職場を変えようが、知識労働者が飽きず、燃え尽きないために必要なことがあります。挑戦です。

「仕事を変え、キャリアを決めるのは自らである。自らの得るべき所を知るのは自らである。（中略）自らに高い要求を課すのも自らである。飽きることを自らに許さないよう予防策を講じるのも自らである。挑戦し続けるのも自らである」（『非営利組織の経営』）

挑戦に欠かせないのが自己開発です。自らを得るべき所に置くには、自己を生成発展させ続けなければなりません。

ドラッカーは二つの自己開発領域を示しました。

「一つは人としての成長であり、一つは貢献のための能力の向上だった」「貢献のための能力の向上とは、自らの強みを伸ばし、スキルを加え、仕事に使うことである」(『非営利組織の経営』)

組織が成果をあげるために何に貢献すべきか、どこに時間を集中的に投下すべきかを自ら考え、強みとスキルを使っていかに仕事を行うかを自己決定します。これを「成果をあげる能力」といい、スキルとは区別して身につけます。

人の成長に関わる自己開発領域を人間学といいます。これに対してその時々に必要な知識やスキルを身につけることを時務学といいます。前者を本学《ほんがく》、後者を末学《まつがく》ということがあるのは、本《もと》が大切であることを教えるためです。

「成果をあげる能力」は、天が自分に与えてくれたものを世の中のために生かす法則です。これもまた本学というべきものです。

ドラッカーは、挑戦の機会を生かさない者は、急速に不機嫌で非生産的で未熟な中年になると指摘しています。燃え尽きそうな心に再び赤々と燃える火を灯すためにも自己を開発し続けたいものです。

◉人生一〇〇年時代——ドラッカーの「ライフシフト」とは？

「第二の人生」は人生の時に関わる言葉です。それゆえ、いつ何をするかという観点も重要です。

ドラッカーは、はるか前からの助走が必要だとしました。森信三先生の名著『修身教授録』から言葉を借りて考えてみましょう。

森先生は、二〇歳までを社会の役に立つ人間になろうという志を立てる時期、その後の二〇年を準備期間とし、四〇歳までの過ごし方いかんが、後半生の活動を左右すると次の喩《たと》えで教えています。

「花火の玉をつくるようなもので、どんな花火が出るかは、まったくその準備期中の努力のいかんによって決まることです」

さらに、四〇代、五〇代を人間の仕上げ期と位置づけました。

人生一〇〇年時代、五〇年以上働くことが普通になりつつある現代では、二五～五〇歳を準備期間、五〇～七五歳を仕上げの時期と考えることもできそうです。

志を立てることは、私利私欲を描いた野心を持つこととは異なります。求められているのは、大望、大志です。具体的に何かになると思うことではなく、世のため人のために役に立つ人間になると発心することです。理想をもち二度とない人生を生きることです。

「最初から適した仕事につく確率は高くない。しかも、得るべきところを知り、自分に向いた仕事に移れるようになるには数年を要する」（『非営利組織の経営』）

天分を発揮できる仕事を見つけることは、準備期間の最も重要な目標です。しかし漠然と仕事をしていても発見できるものではありません。一所で懸命に働くことで「なすべきことは何か」「学ぶべきものは何か」が見えてくるのです。

森先生は「発願の時期」と表現し、「自分の後半生を、どこに向かって捧ぐべきかという問題を、改めて深く考え直さねばならぬ」といいます。

何をもって世のため人のために尽くすのか、つまり志の姿を鮮明にする時期です。この時期が充実していれば、後半生に上がる花火は充実したものになるでしょう。

こうして考えてみると「第二の人生」とは、天分を開発し、真の自己を生き、志を遂げる人生の本番のことなのかもしれません。森先生の言葉に耳を傾けましょう。

「われわれ人間の価値は、その人がこの二度とない人生の意義をいかほどまで自覚するか、その自覚の深さに比例すると言ってもよいでしょう」

われわれが
この転換期にあることは明らかである。
もしこれまでの歴史どおりに動くならば、
この転換は二〇一〇年ないし
二〇二〇年まで続く。

――『ポスト資本主義社会』（1993）

◉断絶の時代から継続の時代へ――働き方はどう変わるか？

私たちは、「断絶の時代」という転換期を経て、再び「継続の時代」の入口に立っています。一九六九年に発刊された『断絶の時代』は、「継続の時代の終わり」という章で始まります。

「今日のアメリカ、ヨーロッパ、日本における経済は一八八五年から一九一三年の延長線

上のものである」と同書で述べ、先の継続の時代の幕開けの時期を明示しました。この期間に起きた二つの世界大戦は、大量生産に支えられた経済戦の形をとり、終戦後まもなく継続の時代は終わりました。

今回の断絶の時代のはじまりは、日本が戦後の復興から立ち上がり経済的な成長を始めた一九六〇年代です。『断絶の時代』でドラッカーは、「近未来を形づくることになる」四つの断絶面を明らかにしました。

①新しい知識や技術が基盤となり情報産業や素材産業などの新産業が生まれる
②世界はグローバルなショッピングセンターになる
③様々な社会問題が組織に任され社会と政治が多元化する
④知識は役に立たないものから中心的な資本、資源となる

断絶の時代を経て、これらはすべて現実となりました。

二〇二〇年代の世界を覆ってきたコロナ禍《か》やウクライナ紛争などによる様々な停滞は、人々の意識と行動を加速度的に変え、転換期を終わらせ、継続の時代を迎えるための最後の試練のようにも思えます。

断絶の時代は、変化し、分化し、専門化することで新しいものを生み出す力を包蔵《ほうぞう》しています。

新技術から新しい産業が生まれ、さらに専門化していきます。たとえば、情報産業はインターネットの広告業を生み出しました。世界の分業は効率性、経済合理性を求めサプライチェーンは細部化し、一つのショッピングが実現しました。

◉断絶の時代は、人も組織も生命力が弱体化する

断絶の時代は、分化の時代です。しかし分化は、専門性を高めますが弱さを伴います。たとえば、世界の分業化が細部まで進み、誰もリスク管理できない程、物品の供給網が長大となっています。私たちは、コロナ禍やウクライナ紛争などでその弱さを実感することになりました。また病院に行けば、専門診療科に分かれ、専門外のことはわからないと告げられます。

碩学《せきがく》・安岡正篤《まさひろ》先生は、自著でドラッカーの『断絶の時代』に触れ、断絶と訳されたDiscontinuityを疎隔と表現し、その反対概念を「連続・統一」と指摘しました。ものごとが生成発展するためには、分化とともに統一という考え方も必要です。人間も同様です。

安岡先生の言葉です。

「人間は現象的に煩雑になればなるほど、根源から遠ざかり、生命力が弱くなる。木でも

そうですね。木というものはあまり枝葉が茂り過ぎたり花や実がつき過ぎたりすると、一時的には大そうさかんなように見えるけれども、実はそれによって木の生命力は非常に弱くなる。人間もちょうど木と同じことで、内面生活の充実を忘れて徒《いたずら》に煩雑な外面の現象にとらえられておると、だんだん生命力が減退してくる」

この五〇余年で個人がもっている専門知識が組織の経営資源の基盤となりました。また、インターネットという技術によって多くの情報は個人で得られ、SNSなどを用いて簡単に発信することもできるようになりました。

史上まれにみる分化の時代の中で、私たちの生命力は急速に弱体化しているのかもしれません。

また、日本ではこの間、高度経済成長期を経験し、四〇年以上GDP（国内総生産）世界二位を維持し、一方で世界からエコノミックアニマルと揶揄《やゆ》されました。花や実がつき過ぎてこの間、生命力を弱めていたのかもしれません。

◉これからの継続の時代は「根を養う時」である

次の継続時代には、自らの生命力を甦《よみがえ》らせなければなりません。

安岡先生の言葉が「自反《じはん》」の力の必要性を説いています。

「生命力を強くするためには常に内《うち》に反《かえ》らなければなりません。内に反って己に徹し個に徹するほど力が出てくるのであります」

日本では、一つ前の断絶の時代は幕末〜明治維新期です。ドラッカーが明治維新を世界の奇跡と賞賛するのは、その後の継続の時代に東洋で初めて先進国に名を連ねることができたからです。江戸という自反の時代の成果が明治維新として結実したのです。その根本に武士道という精神の精髄が横たわっています。

安岡先生は、それが自反の力による偉業であることを示しています。

「先輩・長者と青年・子弟とがあらゆる面で密接に結びついたということです。人間的にも、思想・学問・教養というような点においても、堅く結ばれておる。徳川三百年の間に、儒教・仏教・神道・国学といろいろな学問・教養が盛んに行われ、またそれに伴う人物の鍛錬陶冶《とうや》があったところに、西洋の科学文明、学問・技術がはいってきたために両者がうまく結びついて、ああいう立派な革命ができたのです」

ドラッカーも日本のもつ連続性の土壌とそれを生かし統一する力に注目していました。

「**明治という時代の特質は、古い日本が持っていた潜在的な能力をうまく引き出したことです**」（『明治1　変革を導いた人間力』）

これから迎える時代はこれまでの変化を自分の生活環境にしっかりと定着させ、地に足をつけて統合して生きていく時代です。そのためには、先輩・年長者と後進の若い者とが断絶することなく、連続して一つにむすぶことです。

では先輩・年長者は、何を伝えるべきでしょうか。

徳目では、この考え方を「孝」といいます。孝は親孝行に象徴的ですが、本質はつながり、連続性を大切にすることにあります。

ドラッカーはこのことを、「**馴染《なじ》みの道具を使ったほうがはるかに賢明である**」（『産業人の未来』）と表現します。しかし、たとえば私たちは武士道という言葉を知っていますが、その本質を理解し、活用しようとは思いません。

断絶の時代には、知識や技能を教える時務学が枝葉のように繁茂《はんも》します。しかし、繁茂によって弱った幹や根をもつ木が立派な花や実をつけることはありません。

継続の時代は根を養う時です。知識や技能を統《す》べる人格を陶冶《とうや》する人間学の時代です。

継続という目的のために変化や革新が必要です。これが本末先後です。

自反尽己《じんこ》――何事も自責ととらえ自分の全力を尽くすこと――に根を養う要諦《ようてい》が込められています。

神話が扱っているのは、(中略)経験です。神話が対象にしているのは私たちが知っているものであって、私たちに推定できるもの、あるいは証明できるものではありません。経験は理性ではありません。

――『ドラッカーの講義』(2010)

◉「神話という経験」をどう仕事に活かすか?

映画『スター・ウォーズ』に大きな影響を与えた神話研究の大家、ジョーゼフ・キャンベルの著作『神話の力』に次の言葉があります。

「〈スター・ウォーズ〉は、単純な勧善懲悪劇《かんぜんちょうあく》ではなく、人間の行為を通して実現されたり、破壊されたり、抑えつけられたりする生命の力に関わるドラマです」

シリーズ興行収入世界二位という記録は、人類の古い記憶の中にある実現、破壊、抑圧などの経験に適《かな》うものだからです。

対談本である『神話の力』のインタビュアーが『スター・ウォーズ』を、一二回か一三回目の鑑賞のあと帰ってきた息子に問います。「なんでそんなに何度も見に行くんだい」と。彼は、「お父さんが年中、旧約聖書を読むのと同じだよ」と答えます。

聖書も『スター・ウォーズ』も人類の記憶にある遠い経験を表現したものです。それらは、理路をもって説明する対象ではありません。

「**経験は理性ではありません。経験は経験です**」（『ドラッカーの講義』）

ドラッカーが人生で最初に教えた大学で、すでにキャンベルは教鞭《きょうべん》をとっていました。二人の間に何らかの交流があり、神話に関する影響を受けたのかもしれません。

ドラッカーは、国の神話は盲信や迷信じみた言い伝えではないといいます。

「**私たちが話題にしているのは、現実のこと、合理的なこと、そして真実のことです。**（**中略**）**人間が共通して持っている経験にまつわる象徴的な表現のことなのです**」（『ドラッカーの講義』）

日本最古の書物『古事記』にも私たちの遠い記憶の中の経験に関わる象徴的な表現、すなわち神話が記されています。

◉日本人の「三つの伝統的精神」を意識して働く

コロナ禍《か》に翻弄《ほんろう》された三年間を振り返ると、いつもは地層の奥底に潜んでいる日本人の特性が時に地表に露出することが何度もありました。

たとえば、各先進国は緊急事態宣言を発出し、法律により強制的に外出を制限（ロックダウン）しました。しかし日本は、法律による強制なしに外出自粛要請という形で事態を乗り切りました。自ずから備わっている日本人の美質の一つです。

松下幸之助翁は、このような日本と日本人の特性、美質を「伝統的精神」と呼び、三つにまとめました。

①衆知《しゅうち》を集める
②主座を保つ
③和を貴ぶ

このことは、幸之助翁が自分なりの人間観をまとめた書『人間を考える』の続巻に掲載されています。三〇年をかけて幸之助翁が確立した人間観を支えるものがこれらの三つの伝統的精神でした。

幸之助翁が挙げた美質が象徴的に表現されている日本神話のハイライトシーンの一つを『現代語古事記』（竹田恒泰著）を参考に見てみましょう。

『古事記』に国を治めず追放された須佐之男命《すさのおのみこと》が、高天原《たかまがはら》に上って姉、天照大御神《あまてらすおおみかみ》に報告に行き、誓約《うけい》という占いによって自身の心の清明さを一方的に仰せになって大暴れする話が記されています。

この事態を契機に日の神である天照大御神が天《あめ》の石屋戸《いわやと》にお引き籠《こ》もりになります。世の中は暗闇につつまれ、次々に災いが起こります。

困り果てた大勢の神（八百万《やおよろず》の神）は、衆知を集めて一計を案じ、神々がそれぞれの役割を果たして石屋戸を開けることに成功し、世に明かりが戻ります。

この神話は、衆知を集めて課題を解決する日本最古の経験を記しています。しかもトップがあえて一歩引いて、本来人々がもっている力を引き出す教訓として日本人に受け継がれてきました。

この精神は、七世紀に定められた憲法十七条において「事は独《ひと》り断《さだ》むべからず。必ず衆《しゅう》と与《とも》に宜《よろ》しく論ずべし」と明言され、その後、明治維新における「五箇条の御誓文《ごせいもん》」

で「広ク会議ヲ興《オコ》シ、万機公論ニ決スヘ《ベ》シ」と発せられ連綿と受け継がれてきました。

◉他者の経験を「自分の経験の一部」にする潜在能力

日本の団体は「**企業であれ、政府機関であれ、『総意』（コンセンサス）によって意思決定を行う**」（『P・F・ドラッカー経営論』）とドラッカーはその特徴を言い当てます。

このような意思決定の能力によって日本は明治維新をはじめ歴史上一八〇度の転換を何度か成し遂げてきたとドラッカーは評します。

総意とは、単なる同調とは異なります。他に敬意を払い、それぞれ異なる意見を出し合い、和を貴ぶ姿勢で、一つの意見にまとめ上げるということです。これを調和といいます。それゆえ、いったん決まると行動は早く、一気に転換を図れるのです。

衆知は、国内だけに限りません。古くは稲作、仏教、儒教、漢字など、近くは西洋文明という知を集めこれを活かしました。しかも単に模倣するのではなく、日本化して一体化してきました。

「**日本は、外国からの影響を自らの経験の一部にしてしまう。**（中略）**日本の価値観・信条・伝統・目的・関係を強化するものだけを抽出する**」（『すでに起こった未来』）

他人の意見や他から来たものを受け入れるには、「主座」が必要です。明確な継続性のある主体者の存在です。その象徴的存在が二六〇〇年以上続く世界最古の皇室です。それは、神話にも綴《つづ》られており、日本人の精神の拠《よ》り所です。

「天皇は、日本国の象徴であり日本国民統合の象徴であつて、この地位は、主権の存する日本国民の総意に基く」（日本国憲法第一条）と宣言され、今に引き継がれています。

ドラッカーは、明治維新の奇跡を「**古い日本が持っていた潜在的な能力をうまく引き出したこと**」と評しました。では、私たちが今に生かすべき潜在的能力とは何でしょうか。

「『古事記』は汲《く》んでも汲んでも汲みきれることのない泉のような〝たましい〟の糧《かて》なのであります」

心に映る『古事記』のありのままの姿を世に伝えた覚者、阿部國治《くにはる》先生の言葉です。

「**神話ということばが持っている意味に劇的な変化が起こると、基本的な哲学的概念や信念に、なかでも人間性の概念に劇的な変化が起こります**」（『ドラッカーの講義』）

叡智《えいち》と祈りの結晶である日本の神話から〝たましい〟の糧を得て人生と仕事に役立てたいものです。

組織に依存し、組織で次の昇進を心待ちにし、組織に新しい仕事を期待し続けるのではなく、自らの人生は自らの手でつくれるよう人間として成長することは、自らへの務めであり、組織への務めである。

――『マネジメント』(1973)

◉「自分の関心に従う」という変革の時代の仕事術

「自らの個性、強み、関心に従って生きていくことができなければならない」と、タイトルの言葉は続きます。強みを生かせとのドラッカーの教えはよく知られていますが、今回は「関心」に焦点を当てます。『すでに起こった未来』という著作でドラッカーが生涯を回想し、自身の関心を開陳《かいちん》しています。

「私は『社会生態学者』だと思っている。ちょうど、自然生態学者が生物の環境を研究するように、私は、人間によってつくられた人間の環境に関心をもつ」「まさに私の仕事は、継続と変革の相克《そうこく》に対する関心からはじまったと言ってよい」

一つの関心はさらに次の関心に展開されます。

「継続と変革の相克に対する関心から、当然のこととして、私には人間組織に対する強い関心が生まれていた」

ドラッカーは、社会の継続性に関心を置き、その過程で「企業」という人間組織に出合い、さらにその人間組織を上手に運営する事例に遭遇していきます。これらの経験を体系としてまとめたものがマネジメントです。

一方でこうも言っています。

「この六〇年私が説いてきたものは、コンセプトとしての社会の多様性だった。個人を取り上げることがあっても、それはコンセプトを明らかにするためだった。関心は一人ひとりの人間のほうにあったものの、私が得意とするものはコンセプトのほうだった」（『傍観者の時代』）

社会よりも人に、より強い関心があったというのです。しかしそこには、得意なことや強みは生かされなかったようです。

こうして人への関心をひとまずおいて、社会への関心を優先した人生を送り、マネジメントの父として知られる存在になったのです。ドラッカーの生き方から、自分の関心は何かを問いつつ、それを形にする能力を高め、成長していくことの大切さが見えてきます。

◉関心を追う――自分が歩き続ける道を定める法

「ヴェルディ自身は、一八歳のころ、すでに音楽家として名をあげていた。それにひきかえ、私に分かっていることは、綿製品の商人としての成功などありえないということだけだった。（中略）経験もなく、実績もなかった。何を得意とし、何をすべきであるかを知ったのも一五年ほど経った三〇代初めのころだった」（『プロフェッショナルの条件』）

当時、商社見習いをしていた青年ドラッカーが、ヴェルディのオペラを聞いたことをきっかけとして生じた感動と焦燥感が見て取れます。ここに感奮興起《かんぷんこうき》の瞬間を見ることができます。

ドラッカーの関心は、八〇歳という年齢で並外れて難しい『ファルスタッフ』というオペラを創作したヴェルディの生き方に向かいます。

ドラッカーは「いつも失敗してきた。だから、もう一度挑戦する必要があった」というヴェルディの言葉に出合い、それが生涯消すことのできない刻印となって残りました（詳細は、拙著『ドラッカーに学ぶ人間学』29話も参照）。

「私は、そのときそこで、一生の仕事が何になろうとも、ヴェルディのその言葉を道しるべにしようと決心した。そのとき、いつまでも諦めずに、目標とビジョンをもって自分の道を歩き続けよう、失敗し続けるに違いなくとも完全を求めていこうと決心した」（『プロフェッショナルの条件』）

商社見習い、新聞記者、マーチャントバンクの役員補佐などを経て、自分の関心に適《かな》う、歩き続けるべき道が定まります。

しかし、アメリカに渡って企業の現場を内側から見る機会を探し続けましたが、ことごとく断られ、ようやく先方から来た電話で道が開けました。電話の主は、ゼネラルモーターズの役員でした。「第三者の目で会社を見て欲しい」。まさに神の導きとしか言いようがありません。こうしてドラッカーは、ようやく見出した道を歩き始めたのです。

美しく生きるとは
一筋に生きることだ
一筋に生きるとは

自分を生かす一つのことに
一心不乱になることだ
一心不乱とは
神意にただ従うことだ
フラフラするな
グラグラするな
ウコサベンするな

坂村真民《しんみん》先生の詩が、関心から一筋を見つけ自らを生かし続けたドラッカーの生き方に重なります。マネジメントの父との称号は、自分を生かし一心不乱に生きた証です。

◉関心を究める——思考のイノベーションを起こす法

関心が人を動機づけ、人に無限のエネルギーを供給し続けます。

「今日に至っても、私の日本美術への愛は情熱的に続いている」（『珠玉の水墨画』）

ドラッカーは、七〇年以上にわたり、日本美術に関心を通り越すほどの愛情を注ぎ込みました。なぜか。継続と変革の奇跡的な成功事例を明治維新に見出し、日本に関心を寄せていたからです。ドラッカーは、絵画という知覚的な存在から日本を知ろうとしたのです。

妻ドリスの言葉です。

「習慣的な暴飲暴食は肥満と怠惰を招く。同様のことが情報にも起きている。無思慮な情報の摂取は人を精神的な肥満と怠惰に導く。

夫を数少ない例外とすれば、そのような危機に注意を払う者はなかった。（中略）彼は動かざる情報が閉め出されるとき、人類が何を失うかを理解していた。絵画を見ることで受けるメッセージがまさに動かざる情報であった」

ドラッカーのコレクションの大半は水墨画です。墨を用い、余白が多く、ほとんど単線で淡麗《たんれい》に描かれています。

情報が極めて少ない絵画を観ながら何を知覚していたのでしょうか。動かざる情報を観て継続を考え、そこから変化や変革という動きのある情報を読み取ろうとしていたのではないでしょうか。

「**私が日本で見るべく目を光らせているものは、日本の新しいものだけではなく、日本の社会・文化・コミュニティの継続性や、その継続性と新しい日本との緊張関係、あるいは、それら二つのものの妥協による融合、さらには新しい総合による融合である**」（『すでに起こった未来』）

再び真民先生に登場願い、日々、過剰な情報の中に身を置く現代を生きるわれわれの指針としたい。

真の人間になろうとするためには
着ることより
脱ぐことの方が大事だ
知ることより
忘れることの方が大事だ
取得することより
捨離することの方が大事だ

私は、一〇〇年前から日本がやってきたやり方をふりかえってみて、その方式をわれわれの現在の環境にあてはめてみる価値が十分にあると思っている。

——『知識社会への対話』(1970)

◉歴史——驚くべき成果を産み出す原動力となる

「なぜなら、ほんのひとにぎりの小さなグループの人びとが、驚くべき成果を産み出す原動力となった、若い知識労働者をモチベートする方法の一例が、明らかに、明治の歴史のなかにあるからである」と冒頭の言葉は続きます。

二〇二四年の秋、富国有徳の国づくりを目的に、『致知』に学ぶ関西致知若獅子の会の一五〇回目の例会にゲスト講師として参加させていただきました。その会は、三五歳までを参加資格とし、会の冒頭、全員で『大学』を素読するということを聞き、興味がわき、講師を引き受けました。実際に、その場に身を置き、五〇名の参加者と素読をしてみて「これは国の宝だ」と確信しました。

講演後、「お天道様《てんとうさま》が見ている」という言葉の意味は、解りますかと問うてみました。その場にいた全員が解ると答え、予想は良い意味で裏切られました。

「古《いにしえ》の明徳を天下に明らかにせんと欲する者は、先《ま》ず其《そ》の国を治む」

『大学』には、「天下」「天子」など「天」に関する言葉が記されています。伊與田覺《いよたさとる》先生によれば、「天地宇宙の根源の働きを為すものを中国や日本では『天』と呼んでおります」とし、さらに「天には、天のルールがあってこれを『天道』という」と解説されています。

「天」という字は、現代では天気、天才、天職など日常的に使う言葉に残っています。

「天」は、紀元前一一世紀の周王朝期に登場したと言われています。

日本では縄文時代の太陽信仰と結びつき、「お天道様」が人々の生活に根づいてきました。

先ほどの私の質問は、そのような日本文化の古層に属する言葉の意味が果たして現代の青年たちに通じるのかを確かめるためでした。

「**コミュニケーションが行なわれるには、情報と意味の二つが必要である**」（『テクノロジストの条件』）

人は言葉を通してコミュニケーションを行います。単なる音としての「お天道様」ではなく、その意味内容が伴ってはじめて会話が成立するということです。古い日本の文化の一部は今も受け継がれているのです。

◉「新しいものを取り入れて、つくりかえる」伝統

「**明治という時代の特質は、古い日本が持っていた潜在的な能力をうまく引き出したこと（中略）新しいものを外から取り入れて、それを自分に合うようにつくりかえるという点で、ほかの誰にもまねのできない驚くべき才能を持っています**」（『明治1　変革を導いた人間力』）

冒頭の言葉の「やり方」「方式」の具体的な内容です。

古い日本がもっていた潜在的な能力とは何か。江戸時代以前の能力をフル活用して維新を成し遂げた国、日本。再生の鍵は今もここにあるとドラッカーの言葉は教えています。

「お天道様が見ている」の問いの意味はその能力を探す小さな試みです。

ドラッカーのマネジメントを学べば、「知りながら害をなすな」という二五〇〇年前のギリシャの名医ヒポクラテスの言葉に出合います。プロフェッショナルに高度な責任を求める言葉です。

しかし日本人には、「お天道様が見ている」の言葉で十分ではないでしょうか。もしこの言葉が今でも通じるならば、「天」という考え方を古い地層から取り出して今以上に効果的に使えるかもしれません。

このような例は、古い日本がもっていた一つの小さな潜在的な能力にすぎませんが、もし多くの人がその意味・内容を理解し、姿勢と行動によい影響を及ぼせば、犯罪や企業不祥事などに対する抑止効果が高まるかもしれません。

もちろん、すべての同世代にこの言葉が通じるとは思っていません。しかし、私の世代でも使うことがなくなったこの言葉は、やがて日常から消えていくかもしれないのです。古い日本がもっていた能力を意識して探し、使いたいものです。

◉「日本人の伝統的な能力」を、仕事にどう活かすか?

「伝承は衰退、伝統は革新の連続」――二〇二三年の秋に開かれたドラッカー学会高山大会で紹介されたある職人の言葉です。大会テーマは「文化を活かすマネジメント」でした。

「**マネジメントが、それぞれの国に特有の文化を活かすことに成功しなければ、世界の発展は望みえない。（中略）これこそわれわれが日本から学ぶべきことである**」（『マネジメント』）

大会の最後のセッションは地元飛騨《ひだ》高山高校の生徒たちによる部活の成果発表でした。高山でもまた日本の宝に出会う機会に恵まれました。

大人でも尻込みするであろうドラッカーの『イノベーションと企業家精神』を読み、街に出て商店や企業を訪問し、文化という継続性の中に革新の種を探す試みです。

ドラッカーのキーコンセプトである「イノベーション」「機会」「知覚」「予期せぬ成功」など、おそらく人生で初めて自分の口から発する言葉を道具として使う経験です。

「**子供だろうと大人だろうと、反復練習すなわち知識の体系的な反復が不可欠である。しかる後に意味を理解しなければならない**」（『断絶の時代』）

彼ら彼女たちは、何度も同じ言葉を使いヒアリングを繰り返し、実践を通して言葉の意味を理解し、一つの能力としていったのです。本を読んで理解したつもりになる大人の悪癖《あくへき》を深く反省させられる場面でした。大会会場は清冽《せいれつ》な波で洗われるような感動に包まれました。

この成果は、わずか五ケ月で起きたことです。「人生で必ず活かせる経験をした」という生徒の言葉に真の教育の姿を見た思いでした。このような成果の陰には、一人の顧問の先生の存在がありました。教育は、期間の長短ではなく一人の師の存在で変わるものだと実感させられました。

「明治時代のやり方は、人を若返らせ、また教育ある若い人たちに大きな仕事を与えるという、適切な方式にのっとっている」（『知識社会への対話』）

二〇二三年、夏の甲子園で優勝した慶應義塾高校野球部は『致知』を手に木鶏会《もっけいかい》を実践しています。日本中に明日の日本を支えるまだ見ぬ宝が埋もれていることでしょう。

「教《おしえ》有りて類《るい》無し」――人は教育によって成長するもので、初めから特別の種類はないのだと『論語』は教えています。

書から学び、師を信じて実践するという古来の方法は今も有効です。若い世代はもちろん、すべての世代に古い日本がもっていた能力は潜在しているのです。

「教育とは火をつけることだ。教育とは、火をつけて燃やすことだ。教えを受けるとは、燃やされることであり、火をつけられることです」（『平澤興一日一言』）

歴史にも境界がある。
目立つこともないし、
その時点では気づかれることもない。
だが、ひとたびその境界を越えれば、
社会的な風景と政治的な風景が変わり、（中略）
言葉が変わる。
新しい現実が始まる。

――『新しい現実』（1989）

◉新しい現実――マネジメントは「万人の帝王学」

「一九六五年から七三年の間のどこかで、世界はそのような峠《とうげ》を越え、新しい次の世紀に

入った。われわれはそのとき、過去一世紀あるいは二世紀にわたって、政治の信条、公約、権力構造としてきたものから卒業させられた。そして、道しるべのない未知の世界に入った」と冒頭の言葉は続きます。

そんな時代の中、一九七八年、世を照らす一燈《いっとう》となるべく雑誌『致知』は明かりを灯《とも》しました。

二〇二三年秋、四五周年の記念講演会に参加し、毎号、特集主義を貫きて刻まれた年輪の重みを実感するとともに、若い世代にも読み継がれ、日本の道しるべとして確実に一つの未来を志向していることを体感することができました。

新しい世界の特徴の一つは、私たちは組織社会を生きているということです。大半の財やサービスを組織が供給し、同時に多くの人が組織に属して働く社会を生きています。一九六〇年頃に日本の労働人口の過半数が組織で働くようになり、その後も増加しました。「職業は何ですか」ではなく「どこにお勤めですか」と聞く時代、子供のころから問われ続けた「なりたい職業」が大学生になると「就職したい会社」に変わる社会を私たちは生きているのです。

組織社会には、組織で働く作法があり、それをマネジメントといいます。

新しい時代では、マネジメントはトップだけが学ぶものという古い考えから卒業しなければなりません。新しい時代においては、マネジメントは、新しい時代における「万人のための帝王学」です。

組織社会では、社会を牽引《けんいん》するリーダー層も変わっています。

「現代社会には、マネジメント以外にリーダー的階層が存在しない（中略）組織特に企業のマネジメント以外に、共通の善のために果たすべき責任を負える者はいない」（『マネジメント』）

それゆえ彼ら、彼女らは、社会の模範となる責任を負っています。自分たちの利益や保身よりも優先すべきものがあるということです。組織の大小にかかわらず社会のリーダーであるとの覚悟が求められています。

◉マネジメントを学ぶのは「プロとしての義務」

記念講演会に参加した一六〇〇人を超える老若男女が、リーダーたる自覚を深めようと講師の声に耳を傾けていました。

講師の円覚寺派管長の横田南嶺《なんれい》先生、ノーベル賞を受賞した大村智《さとし》先生もまた組織人として組織社会を生きてきました。

現代社会の特徴は、組織社会であるとともに知識社会だということです。宗教家と科学者、どちらの先生も専門領域をもつ知識労働者です。レントゲン技師、保育士、ビルを警備する人など、現代では多くの人が専門知識を前提として働く知識労働者です。

それぞれの分野において最先端の知識を用いて日々働く者の責任を表した言葉があります。

「プロフェッショナルにとっての最大の責任は（中略）『知りながら害をなすな』である」

（『マネジメント』）

プロフェッショナルは、素人である消費者を欺《あざむ》いてはなりません。最大であり、最低限の責任です。「これは言わなければバレない」などと思ってはいけないということです。自ら犯したミスは、告白しなければならないし、積極的に加害するなどはもってのほかです。

マネジャーも知識労働者そのものです。単に昇進した人ではなく、マネジメントという専門知識を用いて働くことが求められているということです。

マネジメントという専門知識ももっていないということを知りながら仕事を行えば、職場に害をもたらすことになります。地位をもつゆえにその言動がパワーハラスメント、モラルハラスメントなどにつながります。

「経営管理者は、情報という特有の道具をもつ。経営管理者は人を操ろうとしてはならない。一人ひとりの仕事について、動機づけし、指導し、組織しなければならない。そのための唯一の道具が、話す言葉であり、書く言葉であり、数字の言葉である」（『現代の経営』）

私たちは日々、マネジメントに必要な唯一の道具である価値ある情報を獲得すべく努力しているでしょうか。使う言葉を整えようとしているでしょうか。今一度、自問してみたいところです。

◉二〇五〇年の未来予測――「日々の我づくり」から始まる

「二〇二五年、日本は再び甦《よみがえ》る兆《きざ》しを見せるであろう。二〇五〇年、列強は日本の底力を認めざるを得なくなるであろう」

記念講演会の最終講話に立った藤尾秀昭社長は、哲学者・森信三先生の言葉を紹介されました。

「新しい現実」を前に私たちは、これからどのような道を歩もうとしているのでしょうか。

「社会優先の考え方は、（中略）**あらゆる先進国のうち日本が最も顕著である。その点日本は、際だって社会的な絆と力が強い国のようにみえる。事実日本は、社会的混乱ぬきに、**

他の国が経験したことのない難関を何度か切り抜けてきた」（『明日を支配するもの』）

その力は東日本大震災の際にも発揮されたことは記憶に新しいところです。

日本は、経済よりも社会を優先する国民であるといいます。職場でも損得勘定ではなく、知識労働のプロとして善悪をもって分別し、国を富ませるのが日本の流儀です。ドラッカーは「仕事は人格の延長である」といいます。人格の陶冶《とうや》は仕事とともにあるのです。講演会の終盤で致知出版社の社員たちによって安岡正篤先生の言葉「萬燈行《まんとうぎょう》」が朗誦《ろうしょう》されました。富国有徳の国づくりは、日々の我づくりから。道しるべとしたい言葉です。

内外の状況を深思《しんし》しましょう。
このままで往《ゆ》けば、日本は自滅するほかはありません。
我々はこれをどうすることも出来ないのでしょうか。
我々が何もしなければ、誰がどうしてくれましょうか。
我々が何とかするほか無いのです。
我々は日本を易《か》えることが出来ます。
暗黒を嘆くより、一燈を点《つ》けましょう。
我々はまず我々の周囲の暗《やみ》を照す一燈になりましょう。

手のとどく限り、至る所に燈明《とうみょう》を供えましょう。
一人一燈なれば、萬人萬燈です。
日本はたちまち明るくなりましょう。
これ我々の萬燈行であります。
互に真剣にこの世直し行を励もうではありませんか

あとがき

「激動期に立ち向かう覚悟」が生まれる本

すでに起こった未来――ドラッカーの著作名にもなっている重要なコンセプトです。「目の前で、すでに未来は起きている、よくよく現実を観よ」という、ドラッカーの教えの一つです。

ニューヨークではラーメン一杯三〇〇〇円という値段に驚いていたら、日本国内にも二〇〇〇円ラーメンが登場する時代。「一〇〇〇円の壁」があると言われてきたラーメンの値段も「一〇〇〇円が普通」という時代を迎えつつあります。

一方、二〇二四年一〇月に引き上げられた、最低賃金の全国平均は一〇五五円です。政府目標の最低賃金一五〇〇円という水準は、二〇二〇年代中に実現と前倒しされました。ラーメンの値段が一五〇〇百円になる時代もうすぐそこに来ています。

最低賃金一五〇〇円という目標が達成された時点の高卒の初任給は、計算上二六万円を超えます。大卒の初任給ではありません。他方、今春入社の大学生の初任給は、大企業を中心に三〇万円を超えるケースも散見され、話題を呼んでいます。

つまり、最先端では、最低賃金一五〇〇円時代はすでに到来しており、今後激化する賃上げ競争から脱落すれば、人材、特に若手の人材を確保できなくなるということです。

今、問われているのは、このような新しい現実にどのように対応するかです。

対処の方向性は三つであり、本書の中でも概要を取り上げました（13話）。
・顧客価値をいっそう付加し、価格戦略を練り、実行する
・資源と仕事の生産性をあげる
・人の強みを磨き、人間力を醸成する
本来、これらは、いつの時代にも通用する普遍的な原理原則です。これまでと違うのは、「待ったなし」ということです。今こそ、マネジメントの原理原則にしたがった経営が欠かせません。

今年は、戦後八〇年の節目に当たります。われわれはそのうち三〇年をデフレの中で過ごしてきました。インフレを経験した世代の多くは、現役を退いています。インフレ型のマネジメントの経験者がほとんどいないということです。

三〇年の間に染み付いた価値観を変えるには時間が必要ですが、残された時間は限られています。今後数年で、人件費が一・三～一・五倍に増え、毎年のように価格を改定する

ことが常識になる時代は幕を開けているからです。

価格破壊と言えば、いかに値段を安くするかという意味ですが、今は逆価格破壊を起こすときです。まず破壊しなければならないのは、私たちの脳みそに染み付いた常識です。今は思考モードを切り替える移行期なのです。

明治維新や戦後といった激動の時代を乗り超えた日本ならば、このような時代の変わり目も一気に乗り超えられると信じています。森信三先生がおっしゃった「二〇二五年、日本は再び甦る兆しを見せるであろう」とは、このような激動期に立ち向かう覚悟ができた年のことを予見したのではないでしょうか。

私たちは、誰かから大切なものを引き継いで今ここにいます。受け継いだ恩に報いるため、次の世代に恩を送る。そのような存在ゆえに、組織という場で、仕事をとおして自己を高め、限りなく成長し、人として成熟していこうと思えるのではないでしょうか。

仕事はそのためにあるといっても過言ではありません。職場や家庭で何人もの後輩や子供たちがその姿を見ているということです。一人ひとりが立ち上がり、日々の仕事の積み重ねで富国有徳の国づくりを実現したいものです。

このような節目の年に、本書を世に送ることができることは、望外の喜びです。

六年に及ぶ『致知』への連載と本書出版の機会をいただいた藤尾秀昭社長に深謝申し上

げます。連載開始より編集を担当いただいている藤尾允泰《さねやす》編集長には、この場を借りて心から感謝の意を表します。本書編集には前作同様、小森俊司さんにお世話になりました。仕事学というコンセプトを得て新しい命が吹き込まれました。心からお礼を申し上げます

最後に、今春、旅立って一年になる父に敬意と感謝とともに報告させていただきます。

二〇五〇年の輝かしい未来の日本の姿を思い浮かべながら。

令和七年二月一七日

佐藤　等

参考文献

『ドラッカー名著集1　経営者の条件』ピーター・F・ドラッカー著、上田惇生訳（ダイヤモンド社）
『ドラッカー名著集2　現代の経営［上］』ピーター・F・ドラッカー著、上田惇生訳（ダイヤモンド社）
『ドラッカー名著集3　現代の経営［下］』ピーター・F・ドラッカー著、上田惇生訳（ダイヤモンド社）
『ドラッカー名著集4　『非営利組織の経営』ピーター・F・ドラッカー著、上田惇生訳（ダイヤモンド社）
『ドラッカー名著集5　イノベーションと企業家精神』ピーター・F・ドラッカー著、上田惇生訳（ダイヤモンド社）
『ドラッカー名著集6　創造する経営者』ピーター・F・ドラッカー著、上田惇生訳（ダイヤモンド社）
『ドラッカー名著集7　断絶の時代』ピーター・F・ドラッカー著、上田惇生訳（ダイヤモンド社）
『ドラッカー名著集8　ポスト資本主義社会』ピーター・F・ドラッカー著、上田惇生訳（ダイヤモンド社）
『ドラッカー名著集9　「経済人」の終わり』ピーター・F・ドラッカー著、上田惇生訳（ダイヤモンド社）
『ドラッカー名著集10　産業人の未来』ピーター・F・ドラッカー著、上田惇生訳（ダイヤモンド社）
『ドラッカー名著集11　企業とは何か』ピーター・F・ドラッカー著、上田惇生訳（ダイヤモンド社）
『ドラッカー名著集12　傍観者の時代』ピーター・F・ドラッカー著、上田惇生訳（ダイヤモンド社）
『ドラッカー名著集13　マネジメント［上］』ピーター・F・ドラッカー著、上田惇生訳（ダイヤモンド社）
『ドラッカー名著集14　マネジメント［中］』ピーター・F・ドラッカー著、上田惇生訳（ダイヤモンド社）
『ドラッカー名著集15　マネジメント［下］』ピーター・F・ドラッカー著、上田惇生訳（ダイヤモンド社）
『マネジメント［エッセンシャル版］基本と原則』ピーター・F・ドラッカー著、上田惇生訳（ダイヤモンド社）
『ドラッカー選書10［新訳］新しい現実』ピーター・F・ドラッカー著、上田惇生訳（ダイヤモンド社）
『すでに起こった未来』ピーター・F・ドラッカー著、上田惇生、佐々木実智男、林正、田代正美訳（ダ

イヤモンド社）
『明日を支配するもの』ピーター・F・ドラッカー著、上田惇生訳（ダイヤモンド社）
『ネクスト・ソサエティ』ピーター・F・ドラッカー著、上田惇生訳（ダイヤモンド社）
『P・F・ドラッカー経営論』ピーター・F・ドラッカー著、DIAMONDハーバード・ビジネスレビュー編集部編訳（ダイヤモンド社）
『プロフェッショナルの条件』ピーター・F・ドラッカー著、上田惇生編訳（ダイヤモンド社）
『テクノロジストの条件』ピーター・F・ドラッカー著、上田惇生編訳（ダイヤモンド社）
『挑戦のとき―往復書簡〈1〉』ピーター・F・ドラッカー、中内㓛著、上田惇生編訳（ダイヤモンド社）
『創生のとき―往復書簡〈2〉』ピーター・F・ドラッカー、中内㓛著、上田惇生訳（ダイヤモンド社）
『歴史の哲学』ピーター・F・ドラッカー著、上田惇生訳（ダイヤモンド社）
『経営者に贈る5つの質問』ピーター・F・ドラッカー著、上田惇生訳（ダイヤモンド社）
『経営の真髄［上］』ピーター・F・ドラッカー著、ジョゼフ・A．マチャレロ編、上田惇生訳（ダイヤモンド社）
『経営の真髄［下］』ピーター・F・ドラッカー著、ジョゼフ・A．マチャレロ編、上田惇生訳（ダイヤモンド社）
『ドラッカー20世紀を生きて』ピーター・F・ドラッカー著、牧野洋訳（日本経済新聞社）
『ドラッカーの講義～マネジメント・経済・未来について話そう』ピーター・F・ドラッカー著、リック・ワルツマン編集、宮本喜一訳（アチーブメント社）
『明治1　変革を導いた人間力』NHK「明治」プロジェクト編著（NHK出版）
『経営の適格者』ピーター・F・ドラッカー著、日本事務能率協会編訳（日本経営出版会）
『知識社会への対話』ピーター・F・ドラッカー著、日本事務能率協会訳（日本経営出版会）
『ドラッカー経営哲学』ピーター・F・ドラッカー著、日本経営協会編訳（日本経営協会総合研究所）

『ドラッカー・コレクション珠玉の水墨画：「マネジメントの父」が愛した日本の美』河合正朝著（美術出版社）
『NHK「100分de名著」ブックス ドラッカー マネジメント』上田惇生著（NHK出版）
『ドラッカー教授 組織づくりの原理原則』佐藤等著、清水祥行編集協力（日経BP社）
『ドラッカーに学ぶ人間学』佐藤等著（致知出版社）
『実践するドラッカー［思考編］』上田惇生監修、佐藤等編著（ダイヤモンド社）
『実践するドラッカー［行動編］』上田惇生監修、佐藤等編著（ダイヤモンド社）
『実践するドラッカー［チーム編］』上田惇生監修、佐藤等編著（ダイヤモンド社）
『実践するドラッカー［事業編］』上田惇生監修、佐藤等編著（ダイヤモンド社）
『実践するドラッカー 利益とは何か』上田惇生監修、佐藤等編著（ダイヤモンド社）
『ビジョナリー・カンパニー 時代を超える生存の原則』ジム・コリンズ、ジェリー・ポラス著、山岡洋一訳（日経BP社）
『新版 自由からの逃走』エーリッヒ・フロム著、日高六郎訳（東京創元社）
『現代語古事記』竹田恒泰著（学研プラス）
『神話の力』ジョーゼフ・キャンベル、ビル・モイヤーズ著、飛田茂雄訳（早川書房）
『角川ソフィア文庫 論語と算盤』渋沢栄一著（KADOKAWA）
『人間を考える』松下幸之助著（PHP研究所）
『稲盛和夫の実学―経営と会計』稲盛和夫著（日本経済新聞出版）
『新装版 心を高める、経営を伸ばす』稲盛和夫著（PHP研究所）
『森信三魂の言葉 二度とない人生を生き抜くための365話』寺田一清著（PHP研究所）
『「資質・能力」と学びのメカニズム』奈須正裕著（東洋館出版）

『論語の活学』安岡正篤著（プレジデント社）
『経世瑣言』安岡正篤著（致知出版社）
『佐藤一斎「重職心得箇条」を読む』安岡正篤著（致知出版社）
『「呂氏春秋」を読む』安岡正篤著（致知出版社）
『人物を修める』安岡正篤著（致知出版社）
『いかに人物を練るか―士学論講』安岡正篤著（致知出版社）
『修身教授録』森信三著（致知出版社）
『生きよう今日も喜んで』平澤興著（致知出版社）
『「易経」一日一言』竹村亞希子編（致知出版社）
『「論語」一日一言』伊與田覺監修（致知出版社）
『安岡正篤　活学一日一言』安岡正篤著、安岡正泰監修（致知出版社）
『平澤興一日一言』平澤興著（致知出版社）
『稲盛和夫一日一言』稲盛和夫著（致知出版社）
『坂村真民一日一言』坂村真民著（致知出版社）
『新釈古事記伝―袋背負いの心』阿部國治著、栗山要編（致知出版社）
『愛蔵版　仮名論語　全』伊與田覺著（致知出版社）
『己を修め人を治める道―「大学」を味読する』伊與田覺著（致知出版社）
『いつか読んでみたかった日本の名著シリーズ5　五輪書』宮本武蔵著、城島明彦現代語訳（致知出版社）
『二宮翁夜話』福住正兄原著、佐々井典比古訳注（致知出版社）
『人生の法則』藤尾秀昭著（致知出版社）

第四章　マネジメントでチームを強化する、
　　　　リーダーの仕事学

21　『致知』2022年6月号
22　『致知』2022年12月号
23　『致知』2023年1月号
24　『致知』2023年3月号
25　『致知』2023年9月号
26　『致知』2023年10月号
27　『致知』2024年11月号
28　『致知』2024年12月号

第五章　変革の時代に成果を確実に出す、
　　　　新しい仕事学

29　『致知』2022年8月号
30　『致知』2022年9月号
31　『致知』2023年5月号
32　『致知』2023年8月号
33　『致知』2024年1月号
34　『致知』2023年12月号

初出一覧

第一章　人間として成長し、自己実現する仕事学

1　『致知』2023年7月号
2　『致知』2022年5月号
3　『致知』2024年3月号
4　『致知』2024年8月号
5　『致知』2024年9月号
6　『致知』2025年2月号

第二章　自分の強みを生かして、組織に貢献する仕事学

7　『致知』2022年7月号
8　『致知』2022年11月号
9　『致知』2023年4月号
10　『致知』2023年6月号
11　『致知』2024年4月号
12　『致知』2024年6月号
13　『致知』2024年10月号

第三章　日々、心が磨かれ、人格が高まる仕事学

14　『致知』2022年10月号
15　『致知』2023年2月号
16　『致知』2023年11月号
17　『致知』2024年2月号
18　『致知』2024年5月号
19　『致知』2024年7月号
20　『致知』2025年1月号

〈著者略歴〉

佐藤等（さとう・ひとし）

NPO法人ドラッカー学会共同代表理事。アウル税理士法人代表。昭和36年北海道生まれ。59年小樽商科大学商学部商業学科卒業。平成2年公認会計士試験合格。佐藤等公認会計士事務所開設。14年同大学大学院商学研究科修士課程修了。「実践するマネジメント読書会」を創設。著書に『ドラッカーに学ぶ人間学』（致知出版社）、『ドラッカー教授 組織づくりの原理原則』（日経BP）、編著に『実践するドラッカー』シリーズ（ダイヤモンド社）などがある。

ドラッカーに学ぶ仕事学

令和七年三月二十五日第一刷発行

著　者　佐藤　等

発行者　藤尾　秀昭

発行所　致知出版社

〒150-0001 東京都渋谷区神宮前四の二十四の九

TEL（〇三）三七九六—二一一一

印刷・製本　中央精版印刷

落丁・乱丁はお取替え致します。（検印廃止）

ISBN978-4-8009-1326-5 C0034

ホームページ　https://www.chichi.co.jp

Eメール　books@chichi.co.jp